本书由
重庆市社会科学规划项目（2019
重庆市教委人文社会科学规划项
重庆市教委科学技术研究项目（KJQN201901513）
重庆科技学院重点培育基金项目（CK2017SKZD001）
资助出版

国家级新区辐射带动力及其实现机制研究

范 巧 ◎ 著

中国财经出版传媒集团
经济科学出版社
Economic Science Press

图书在版编目（CIP）数据

国家级新区辐射带动力及其实现机制研究/范巧著. —北京：经济科学出版社，2019.9
ISBN 978－7－5218－1000－4

Ⅰ.①国… Ⅱ.①范… Ⅲ.①经济开发区-研究-中国 Ⅳ.①F127.9

中国版本图书馆 CIP 数据核字（2019）第 210816 号

责任编辑：王柳松　卢元孝
责任校对：靳玉环
责任印制：李　鹏

国家级新区辐射带动力及其实现机制研究
范　巧　著
经济科学出版社出版、发行　新华书店经销
社址：北京市海淀区阜成路甲 28 号　邮编：100142
总编部电话：010-88191217　发行部电话：010-88191522
网址：www.esp.com.cn
电子邮箱：esp@esp.com.cn
天猫网店：经济科学出版社旗舰店
网址：http://jjkxcbs.tmall.com
北京季蜂印刷有限公司印装
710×1000　16 开　12.5 印张　200000 字
2019 年 9 月第 1 版　2019 年 9 月第 1 次印刷
ISBN 978－7－5218－1000－4　定价：49.00 元
(图书出现印装问题，本社负责调换。电话：010-88191510)
(版权所有　侵权必究　打击盗版　举报热线：010-88191661
QQ：2242791300　营销中心电话：010-88191537
电子邮箱：dbts@esp.com.cn)

序

长期以来，由于区域资源和要素禀赋不同以及区域经济的不平衡发展，推进区域协调发展一直是区域政策实践中最重要的战略之一。中国的区域协调发展，主要以"一带一路"倡议、京津冀协同发展、长江经济带建设为引领，以东、中、西部和东北板块的协调发展，以城市群、自由贸易试验区、国家级新区、国家级开发区等为战略支点。国家级新区是由国务院批准设立的以相关行政区、产业园区、保税港区或综合保税区等为基础，承担着重大发展战略任务的国家级功能性平台，是重构区域空间结构和区域治理架构的重要政策工具。充分发挥国家级新区的辐射带动力，是推动区域协调发展的重要杠杆和具体表现。

本书首次对国家级新区的辐射带动力及其实现机制进行了系统研究，具有较高的理论价值和实践参考价值。本书先从区域协调发展视角及与区域经济学经典理论中相似概念的比较入手，明确了国家级新区辐射带动力的概念。即国家级新区对属地省市和邻近省区市或地区的拉力效应、推力效应和综合推拉效应；也将国家级新区的辐射带动力划分为主动性辐射带动力、协调性辐射带动力和外溢性辐射带动力三种类型，并阐释了不同类型辐射带动力在区域经济发展不同阶段中的不同作用；还基于对国家级新区辐射带动力的外部驱动力和内部驱动力的总结，阐释了国家级新区辐射带动力的动力源泉和形成机制。同时，本书还对相对成型的国家级新区的辐射带动力进行了评价和比较，并对其主要影响因素进行了有效的分解。随后，本书从地区经济增长、人口迁徙、创新扩散以及产业协同等视角，阐释了国家级新区辐射带动力在区域经济发展某一方面的表现和发展战略。

综观全书的框架和写作范式，主要有以下几个方面的特征：第一，全书对国家级新区研究文献的把握比较充分，从而能够对相关概念有一个较为精准的界定和阐释。第二，尽管国家级新区发展数据相对缺乏且不全面，但作者能够娴熟地运用比较前沿的研究方法来弥补数据及其质量的缺陷，从而能够对研究结论有较为扎实的论证。第三，全书对国家级新区如何实现对属地省市和邻近省区市或地区的辐射带动作用及其传导机制有一个很好的梳理，能为制定充分发挥国家级新区辐射带动力的区域政策提供有效的参考和经验借鉴。第四，全书还首次基于中国南北方区域经济协调视角，阐释了国家级新区间协同发展的逻辑问题和路径问题，在研究视角上有较好的创新性。

诚然，正如作者在全书总结中指出的那样，在区域协调发展视角下，国家级新区与其他国家级功能性平台的协同发展问题，对地方经济发展中应该如何更好地建设国家级新区并更好地发挥国家级新区的辐射带动力问题等，均需要作者持续跟进。当然，这也需要学界同行的持续关注。

2019 年 1 月 15 日

自序

一月的兰州，到处冰天雪地，偶尔出现的阳光也不会暖遍整个城市，像极了多年来内心的彷徨与积蓄已久的科研理想。自2013年出版第一本专著以来，五年了，终于积累了一些提笔著述的勇气，把最近关于国家级新区的研究进行系统的梳理并交付出版社。于是也有了机会，梳理一下内心彷徨的"症结"，继续在学术和科研的道路上探索，以明确人生发展的方向，让未来的人生和成长有一些回忆。

——科学研究，就是安安静静地搬砖。

曾几何时，作为经济学人，我骄傲，我狂热，在网络中写下了如此豪言壮语："我们处在经济学的边缘上，不过，有一天我们会进入经济学的殿堂，成为真正的经济学家。"

时至今日，我更相信，科学研究需要的不是狂热，而是凝神静气。五年来，在辗转腾挪了四个地方之后，无论是美国得克萨斯州的拉伯克（Lubbock），还是中国的重庆市和北京市，或是兰州市，我发现，科学研究既没有得州牛仔的狂野和畅快，也没有霸气和权威，更没有遍地黄金的富庶和福贵，有的只是雾里看花的朦胧和虚幻，只需要安安静静地搬砖。

与理工科的研究不尽相同，经济学的研究还真就只能是搬砖。从图书馆书架上搬砖一样的书籍来阅读，从各类数据库里搬瓷砖一样的数据和文献来整理，写砖块一样厚度的读书笔记……

——家庭，是安静"搬砖"的最后避风港。

21世纪，是网络思潮主宰众生价值判断和决策行为的时代。无论是"世界这么大，我想去看看""诗和远方"的柔情，还是"不要让任何人打扰你的节奏"的激情，都令人不顾一切想去看看世界，读读诗，瞅瞅远方。

作为经济学人，科学研究的世界性和世界上的科学研究，就是诗，就是远方。于是乎，众多经济学人，尤其是没有经历十月怀胎和分娩阵痛的男性学人们，纷纷以"诗"和"远方"的名义，长期游离于家庭的节奏之外，我并不例外。

科研事业和家庭原本就是一种平衡，而世界上也存在很多读不懂的诗和到不了的远方。在经历形单影只的孤独和感伤后，我终于发现，所谓的诗和远方，有可能只是山沟沟里跑出来的"凤凰男"的一种自虐……人生的成长终归就是不断饶过自己的过程，需要在适当的时候找个机会与自己和解。

安安静静地搬砖，需要家庭作为后盾和避风港。家庭，原本可以如此美好……享受与妻儿十指紧扣，游走在宽窄巷的拥挤中；享受肩扛背背，徜徉在兵马俑的雄壮威武和华清池的富丽堂皇中；享受负重登高和林中漫步……

——健康，是安静"搬砖"的强有力保障。

人到中年，总是有很多身不由己的事情。尽管我也想做个安安静静"搬砖"的"美男子"，然而，越来越大的肚子，越来越少而白的头发，无不提示着搬砖成本之高昂。

尽管也耻于谈论从112斤到132斤，再到152斤的指数型体重增长，但尿酸和血压的逐年攀升，使我不得不开始寻求一些经济理性的锻炼方式。尽管很正式地买了红双喜乒乓球拍和尤尼克斯羽毛球拍，也很正式地置备了各种运动套装，还强迫自己时不时跑完十公里，间歇性登顶各种有名无名的山，偶尔还跑一跑马拉松……然而，面对岿然不动的152斤，我竟无语凝噎。

真正的勇士，必须要学会直面惨淡的人生……我真的有一个梦想：胖了半生，跑一跑步，爬一爬山，就一定能瘦。

——"搬砖"，还得一点儿一点儿来。

零零散散地写了这么多，思绪也不知道飘到了哪里……言归正传，本书在重庆市社会科学规划项目、重庆市教委人文社科规划项目和重庆市社科联调研项目等联合支持下，首次对国家级新区的辐射带动力进行了较为系统的研究。

第1章，导言；第2章，国家级新区辐射带动力的概念厘定及作用机理；第3章，国家级新区辐射带动力的动力源泉与形成机制；第4章，国家级新区辐射带动力的评价及比较研究；第5章，国家级新区辐射带动力的影响因素分解；第6章，国家级新区对属地省市经济增长的影响效应评估；第7章，国家级新区人口迁徙效应与人才发展战略；第8章，国家级新区创新扩散效应与创新发展战略；第9章，中国南北方区域经济协调视角下国家级新区的协同发展研究；第10章，结论与展望。

笔者还对一些空间计量分析技术进行了探索性的研究，包括如何设定基于全局莫兰指数（Global Moran'I）的内生时空权重矩阵、如何在空间计量一般模型——动态的通用嵌套空间模型下进行模型的优选，以及如何在传统的政策分析工具——双重差分模型基础上嵌入空间计量分析和非线性的CES生产函数，等等。

囿于研究格局和研究水平的限制，全书必然还会存在诸多缺憾。不过，"搬砖"本来就是一种有缺憾的艺术。当然，人生还很长，"搬砖"还得慢慢来。唯愿自己在空间计量经济学和国家级功能性平台等领域的研究中持续投入，许多年后能看到一点小进展。

感谢经济科学出版社及王柳松编辑，也感谢我的导师郭爱君教授以及访学合作导师达伦·哈德森（Darren Hudson）教授和石敏俊教授提供的平台和机会，并给予耐心指导，让我有机会在诗、远方、家庭和健康之间尽可能地找一个有效的平衡。

2019 年 1 月 5 日

目录

第1章 导言 / 1

1.1 研究背景 / 1

1.2 关于国家级新区研究的文献回顾 / 4

1.3 全书的分析框架:逻辑与方法 / 10

第2章 国家级新区辐射带动力的概念厘定及作用机理 / 14

2.1 区域协调、协同发展视角下辐射带动力的概念厘定 / 14

2.2 区域经济学经典理论框架下辐射带动力与相似
概念的辨析 / 17

2.3 国家级新区辐射带动力的类型及综合作用机理 / 21

2.4 本章小结 / 23

第3章 国家级新区辐射带动力的动力源泉与形成机制 / 25

3.1 国家级新区辐射带动力的外部驱动力 / 25

3.2 国家级新区辐射带动力的内驱力 / 28

3.3 国家级新区辐射带动力的形成机制 / 33

3.4 本章小结 / 36

第 4 章 国家级新区辐射带动力的评价及比较研究 / 37

    4.1 国家级新区辐射带动力评价方法及数据说明 / 38

    4.2 省域内国家级新区辐射带动力评价结果：以重庆两江新区为例 / 43

    4.3 省际视角下国家级新区辐射带动力评价结果及比较 / 48

    4.4 本章小结 / 53

第 5 章 国家级新区辐射带动力的影响因素分解 / 55

    5.1 空间计量经济分析技术：简单的回顾 / 55

    5.2 影响因素分解模型的基本设定及数据处理说明 / 57

    5.3 时空权重矩阵的确定：基于全局莫兰指数比值的内生设定方法 / 61

    5.4 重庆两江新区辐射带动力影响因素分解结果 / 69

    5.5 本章小结 / 76

第 6 章 国家级新区对属地省市经济增长的影响效应评估 / 78

    6.1 双重差分 CES 空间计量模型的设计 / 79

    6.2 基于双重差分 CES 空间计量模型的国家级新区经济增长效应评估 / 83

    6.3 国家级新区批设对属地省市经济增长的总体影响效应评价 / 89

    6.4 国家级新区批设对属地省市经济增长的个体影响效应评价 / 93

    6.5 本章小结 / 96

第 7 章 国家级新区人口迁徙效应与人才发展战略 / 99

    7.1 关于劳动力转移研究的近期文献回顾 / 99

    7.2 国家级新区批设视角下劳动力区际转移的理论逻辑 / 102

    7.3 国家级新区批设视角下劳动力区际转移的产出效应评估 / 105

7.4 国家级新区的劳动力吸纳能力核定 / 109
7.5 国家级新区的人才发展战略 / 112
7.6 本章小结 / 113

第8章 国家级新区创新扩散效应与创新发展战略 / 115

8.1 关于区域创新扩散研究的近期文献回顾 / 116
8.2 省域全要素生产率的核算方法与核算结果 / 119
8.3 国家级新区创新扩散效应评估模型及评估结论 / 124
8.4 国家级新区的创新发展战略 / 132
8.5 本章小结 / 133

第9章 中国南北方区域经济协调视角下国家级新区的协同发展研究 / 134

9.1 近期文献回顾 / 136
9.2 中国南北方经济协调逻辑及国家级新区协同的杠杆作用 / 138
9.3 中国国家级新区发展的南北方区域经济差距：基于分项集中率的分析 / 143
9.4 中国南北方区域经济协调下国家级新区的北—南方区域经济协同发展主体 / 146
9.5 中国南北方区域经济协调下国家级新区的北—南"五新区协同"发展路径 / 150
9.6 本章小结 / 160

第10章 结论与展望 / 162

主要参考文献 / 166

第 1 章

导　言

1.1　研究背景

《中国共产党第十八届中央委员会第五次全体会议公报》强调，实现"十三五"时期发展目标，破解发展难题，厚植发展优势，必须牢固树立并切实贯彻创新、协调、绿色、开放、共享的发展理念。① 《国民经济和社会发展第十三个五年规划纲要》强调，鼓励国家级新区、国家级综合配套改革试验区、重点开发开放试验区等平台体制机制和运营模式创新。② 党的十九大报告指出，实施区域协调发展战略，加大力度支持革命老区、民族地区、边疆地区、贫困地区加快发展，强化举措推进"西部大开发"形成新格局，深化改革加快东北等老工业基地振兴，发挥优势推动中部地区崛起，创新引领率先实现东部地区优化发展，建立更加有效的区域协调发展新机制。③ 国家级新区是国务院批准设立的以相关行政区、特殊功能区为基础，承担着国家重大发展和改革开放战略任务的综合功能区。国家级新区是新时期经济社会发展的重要载体和重要平台，依托国家级新区的创新发展，实现对属地省市和周边省区市

---

① 参见新华网，www.xinhuanet.com/politics/2015-10/29/c_1116983078.htm。
② 参见新华网，www.xinhuanet.com/politics/2016lh/2016-03/17/c_1118366322_10。
③ 参见共产党员网，www.12371.cn/2017/10/27/ARTI1509103656574313.htm。

的有效辐射和带动，是新时期贯彻区域协调发展理念的重要手段。

自20世纪90年代初国务院批准设立上海浦东新区以来，截至2018年末，已设立了天津滨海新区、重庆两江新区、河北雄安新区等19个国家级新区。目前，多数国家级新区已经建设完毕，并开始在地区经济发展中起到一定的作用。表1.1显示了19个国家级新区的批设时间和2017年经济发展情况。同时，国家层面也出台了一系列与国家级新区相关的发展政策，包括《关于促进国家级新区健康发展的指导意见》《关于推动国家级新区深化重点领域体制机制创新的通知》《2016年国家级新区体制机制创新工作要点》《2017年国家级新区体制机制创新工作要点》《关于建立更加有效的区域协调发展新机制的意见》等，旨在从创新发展、体制改革、金融支撑等方面入手巩固国家级新区的发展势头，充分发挥国家级新区在产城融合、新型城市化、区域互利合作等方面的辐射带动作用。

尽管国家层面对国家级新区寄予厚望，然而，多数国家级新区的增长体量和规模仍然较小，无法充分发挥其对区域经济增长应有的辐射带动力。截至2018年初，国家级新区GDP占属地省市GDP比重超过10%的仅有上海浦东新区、天津滨海新区和重庆两江新区；接近半数的国家级新区GDP占属地省市GDP的比重低于5%，如表1.1所示。鉴于此，基于相对成型且发展态势较好的国家级新区对属地省市和周边省区市的辐射带动力评价与比较，以及辐射带动力影响因素分解等，深入探索国家级新区辐射带动力的主要类型、动力源泉、传导机制、形成机制和协同发展机制，将有着十分重要的理论价值和实践价值。

表1.1　19个国家级新区的批设时间及其2017年经济发展情况

序号	国家级新区	批设时间（年-月-日）	GDP（亿元）	占属地省市GDP比重（%）
1	上海浦东新区	1992-10-11	9651.00	31.4
2	天津滨海新区	2006-05-26	7106.00	37.6
3	重庆两江新区	2010-05-05	2533.00	12.8

续表

序号	国家级新区	批设时间（年—月—日）	GDP（亿元）	占属地省市GDP比重（%）
4	浙江舟山群岛新区	2011-06-30	1219.00	2.6
5	兰州新区	2012-08-20	176.00	6.9
6	广州南沙区	2012-09-06	1392.00	1.6
7	陕西西咸新区	2014-01-06	731.00	3.3
8	贵州贵安新区	2014-01-06	350.00	2.6
9	青岛西海岸新区	2014-06-03	3213.00	4.4
10	大连金普新区	2014-06-23	2343.00	9.2
11	四川天府新区	2014-10-02	2385.00	5.7
12	湖南湘江新区	2015-04-08	2209.00	6.4
13	南京江北新区	2015-06-27	2212.00	2.3
14	福州新区	2015-08-30	1648.00	4.8
15	云南滇中新区	2015-09-07	574.00	3.5
16	哈尔滨新区	2015-12-16	764.00	5.0
17	长春新区	2016-02-03	889.00	5.4
18	江西赣江新区	2016-06-14	667.00	3.0
19	河北雄安新区	2017-04-01	—	—

资料来源：19个国家级新区批设时间，依据相关新区批复文件获取；2017年GDP数据依据国家发展和改革委员会. 国家级新区报告2018［M］.（北京：中国计划出版社，2018：295-296.）获取。

本书立足于国家级新区的发展现实，结合文献整理、统计分析和空间计量分析等，着力阐释国家级新区的辐射带动力及其实现机制问题，将有着十分重要的理论意义和实践意义。其学术价值主要在于，基于对国家级新区辐射带动地区发展的动力机制、形成机制和协同发展机制的有效归纳总结、阐释和发展，有利于探索出依托国家级新区实现对区域发展有效辐射带动的科学模式和有效方式。其应用价值主要在于：首先，基于对相对成熟的国家级新区辐射带动区域发展能力现状的分析，有利于找准现阶段部分国家级新区辐射带动效应不明显的症结所在。其次，基于典型国家级新区辐射带动周边发展经验和教训的有效总结，以及国家级新区科学发展和充分发挥辐射带动作用的思路、手段和方式的阐释，有利于为作为千年大计的河北雄安新区建设和提升辐射带动力，以及充分发挥其他国家级新区对区域发展的辐射带动作用提供可供参考的经验借鉴。

1.2 关于国家级新区研究的文献回顾

近年来，对国家级新区的研究如雨后春笋般涌现。梳理近年来的相关研究文献，可以发现对国家级新区的研究以 2016 年为限明显地分为两个阶段。早期研究强调对国家级新区的现状进行描述或阐释，而近期研究则强调对国家级新区的发展策略做出更深层次的阐释和评价。

1.2.1 国家级新区研究的早期文献回顾

与国家级新区相关的早期研究主要围绕已批设国家级新区的区位选择及区域分布特征（彭建等，2015）、战略导向与功能定位解析（叶姮等，2015）、行政管理体制及特殊优惠政策比较（曹云，2014）展开，这一阶段对国家级新区的分析侧重于对现有国家级新区基本情况进行描述性阐释。当然，这一阶段也开始有了涉及国家级新区建设与发展理论基础的思考，但这些理论更多地是以已有的经济学、管理学或政治学经典理论为基础，并将之运用在国家级新区这一载体而展开分析。[①]

与国家级新区相关的经典理论梳理，主要从城市发展理论、区域经济发展理论、区域空间布局理论、产业选择理论四个视角展开。其中，基于城市发展视角与国家级新区相关的经典理论包括田园城市理论、卫星城市理论、有机疏散理论、新城市主义与理性增长理论、世界城市理论、中心城市理论、城市群理论等。[②] 基于区域经济发展视角与国家级新区相关的经典理论主要包括，区域经济发展梯度理论、区域经济发展辐射理论、区域经济增长极理论（国家开发银行党校课题组，2016）。

[①] 晁恒等. 尺度重构视角下国家级新区"多规合一"的特征与实现途径 [J]. 城市发展研究，2015，22（3）：11-18.

[②] 曹云. 国家级新区比较研究 [M]. 北京：社会科学文献出版社，2014.

第1章 导言

基于区域空间布局视角与国家级新区相关的经典理论包括区位理论、中心地理论、点轴理论、循环累积因果论、核心-边缘理论等；基于产业选择视角与国家级新区相关的经典理论包括罗斯托基准、赫希曼标准、筱原三代平基准、赤松要雁行形态说等。① 在近期研究中，一些文献还基于尺度重构理论，从制度重构、治理重构、地域空间重构、使命功能重构、行政关系重构、行政手段重构等视角入手，阐释了国家级新区在区域空间架构中的重要地位和作用（晁恒等，2015；王佃利等，2016）。

关于国家级新区区位选择及区域分布特征的研究重点在于，考察国家级新区区位选择合理性、国家级新区的时间演绎和空间演进特性。彭建等基于层次分析法，对中国现有的23个城市群进行了支撑条件与综合区位指数考察，指出目前已批设的国家级新区具有在区位选择上的科学合理性。② 国家级新区的时间演绎和空间演进特性包括，从探索到全面深化改革的时间分布层次性、从区域非均衡发展到区域协调发展的地域分布战略性（李云新和贾东霖，2016），以及自南向北、自东向西、由沿海向内陆的空间演进路径、由单点布局到全面发展的空间布局特性、与国家经济空间分布协调且分布均匀的地域一致性、五角星型的空间架构协调性（谢广靖和石郁萌，2016）。

围绕国家级新区战略导向与功能定位的相关研究，主要从国家级新区整体发展的战略方向以及功能区发展的策略性定位等方面展开。目前，国家级新区的战略导向包括，国际竞争型、全国拉动型、区域拉动型及特殊战略型四种（叶恒等，2015），特殊战略型导向又包括西部大开发、内陆开放、发展新型海洋经济等。③ 国家级新区的功能定位包括改革红利释放区、产城融合示范区、绿色生态宜居地（吴昊天和杨郑鑫，2015），以及区域经济增长极、制度创新增长极、重大区域发展战

---

① 盛毅等. 国家级新区建设与产业发展［M］. 北京：人民出版社，2016.
② 彭建等. 基于城市群的国家级新区区位选择［J］. 地理研究，2015，34（1）：3-14.
③ 王昂扬等. 我国国家级城市新区设立的战略背景研究［J］. 现代城市研究，2015（2）：23-26.

略支撑点和启动点、全面深化改革和推动制度创新的先导区等。① 一般来说，目前，新设国家级新区的功能定位集经济增长极、制度创新增长极等多种增长极为一体，且优惠政策多来自各种园区、开发区、高新区等经济特区原有政策的叠加。由于目前国家级新区批设数量众多，则新设国家级新区政策优惠力度大为下降，政策优惠仅限于获得先行先试权。

围绕国家级新区管理体制的相关研究，主要围绕国家级新区行政管理体制展开，也偶见对规划管理制度（徐静等，2015）和土地管理制度（王陈伟和卢向虎，2016）的相关研究。国家级新区行政管理体制研究，大多围绕其行政管理模式整理展开。尽管不同文献对国家级新区的行政管理模式进行了不尽相同的归纳和整理（曹云，2014；盛毅等，2016；朱江涛和卢向虎，2016），但概括起来，国家级新区行政管理模式主要包括区级地方政府模式、属地地方政府+管委会模式、管委会+开发公司模式、开发领导小组或建设领导小组模式四种。② 事实上，每个国家级新区分别结合自身发展实际设计了不尽相同的行政管理模式，这是由新区发展基础和承载的功能不同决定的，也是外生的自上而下的强制性制度变迁和内生的诱致性制度变迁综合作用的结果。③ 从目前国家级新区管理模式的演进逻辑来看，国家级新区开始一般以经济区或经济功能区的形式出现，经过较长时间的演进和发展，国家级新区及其内部功能区将演变形成独立的行政区（丁有良，2013）。

关于国家级新区的比较研究，主要围绕不同地区的国家级新区发展的历史与现实比较而展开。近期，关于国家级新区的比较，主要在最早批设的三个国家级新区之间（吴志鹏，2011）、环渤海地区国家级新区

---

① 郝寿义，曹清峰. 论国家级新区 [J]. 贵州社会科学，2016 (2)：26-33.
② 李才平等. 国家级新区管理创新及对赣江新区发展的借鉴 [J]. 地方治理研究，2017 (1)：31-39.
③ 王佳宁，罗重普. 国家级新区管理体制与功能区实态及其战略取向 [J]. 改革，2012 (3)：21-36.

之间（王双，2013）、珠三角地区国家级新区之间（荆锐等，2016）、西部国家级新区与东部国家级新区之间（彭小雷和刘剑锋，2014）、内陆国家级新区与沿海国家级新区之间（茹伊丽等，2015）进行。比较的内容包括国家级新区享受的优惠政策（吴志鹏，2011）、国家级新区的配套法律法规（张稷锋，2015）、国家级新区的产业发展、空间布局与社会发展（曹云，2014）、国家级新区的地理位置、自然资源、生态环境与经济社会条件（茹伊丽等，2015），以及国家级新区的经济发展水平、人口集聚规模、建设用地规模、人口用地与经济之间的相互关系（荆锐等，2016）等。

1.2.2 国家级新区研究的近期文献回顾

对国家级新区的近期研究，主要围绕国家级新区的治理架构体系与治理能力建设（吴晓林，2017）、国家级新区群体或个体存在的问题及发展战略（薄文广和殷广卫，2017；张晓宁和金桢栋，2018）、国家级新区的发展绩效评价（郭爱君和陶银海，2016；范巧和吴丽娜，2018）等展开。对国家级新区治理架构体系与治理能力建设的研究，主要围绕国家级新区在开发、治理、管理与发展过程中，如何处理国家级新区治理机构与中央政府、地方政府、产业主体及其他主体之间的关系而展开。对国家级新区存在的问题及发展战略的研究，主要围绕国家级新区大规模集中投资对周边地区造成挤占和冲突如何解决、国家级新区产业选择和布局与周边雷同如何解决并实现错位发展、国家级新区与"一带一路"倡议、长江经济带建设、京津冀协同发展等如何实现整合而展开。对国家级新区发展绩效评价的研究，主要围绕国家级新区对属地省市或周边地区经济社会发展、环境保护等的影响效应展开。

一般来说，国家级新区的治理架构搭建，主要通过领导小组＋开发办公室、领导小组＋党工委/管委会、建设委员会＋开发办公室、新区党工委＋管委会、新区地方政府＋功能区管委会、新区地方政府＋开发区管委会等模式实现。① 国家级新区的管委会承担了政府管理职能，开发公司则承担了经济建设和社会发展职能，容易导致国家级新区内部政企关系的模糊。同时，这种以发展绩效和效率优先为导向的治理架构，必然带来内部治理层级结构的扁平化，容易导致人员配备不足，影响综合发展能力和服务水平。因此，学界在参考国外科技园区和城市新区治理经验的基础上，强调在国家级新区的治理架构中，政府应起主导作用或扶持作用，企业、科研院所、高校和行业组织应积极参与和协同，还要充分发挥道德等作用，以建立柔性社会治理机制。②

目前，国家级新区的批设模式已日臻成熟，开始由中央政府主动支持转向地方政府申请、中央政府择优批准。③ 一般来说，地方政府在获准批设国家级新区后，将集中优势资源、要素等开展新区全速建设，这尤其体现在地方政府主导的土地优先安排、资金优先使用、产业优先发展等方面。这种全速建设和战略性优先，必然形成对区域内其他地区资源和要素的挤占，再加上国家级新区对周边地区的扩散效应不明显，从而形成了国家级新区与周边地区的利益冲突。目前，国家级新区主要存在功能定位认识不清晰、空间布局不够合理、发展路径不够新颖（陈东和孔维锋，2016），以及增长极作用减弱、规划规模过大、产城分离问题突出、政府主导开发导致地方债务风险较高（刘继华和荀春兵，2017）等问题。针对这些问题，早期一些文献提出通过开展国家级新区条例立法工作（卢向虎和王陈伟，2016）、强化多规合一的编制和实施（晁恒等，2015）、促成国家级新区实现产城融合（程春生，2016）、强化开发性金融扶持国家级新区发展（国家开发银行党校课题组，2016）、打造绿色适宜人居环境（吴昊天和杨郑鑫，2015）、强化科技

---

① 盛毅等. 国家级新区建设与产业发展 [M]. 北京：人民出版社，2016.
② 马海韵. 国家级新区社会治理创新：域外经验和本土实践 [J]. 贵州社会科学，2018 (3)：131-137.
③ 薄文广，殷广卫. 国家级新区发展困境分析与可持续发展思考 [J]. 南京社会科学，2017 (11)：9-16.

创新能力建设（民盟成都市委课题组，2014）、强化人口流入和人才作用发挥（张宁，2016）等，促成国家级新区快速、持续、科学地发展。

近期，学术界重点主张以区域价值链差异化竞争格局、引领型产业系统与支撑型产业体系差异化布局（付一夫和刘鉴，2017）等，来化解国家级新区与周边地区的利益冲突，实现区域整体利益最大化。[①] 单就国家级新区的引领型产业体系布局及优化问题，学术界也展开了丰富的研究，这也是近期研究的热点和重点。事实上，学术界在模拟国家级新区产业发展的生命周期演化逻辑的基础上（薛雅伟等，2018），强调以创新驱动、关联经济带动和融合发展推动等模式，促成国家级新区构建现代性引领型产业体系，并以质量、动力、效率变革促成产业价值链跻身全球的中高端。[②] 国家级新区一般基于重要的国家或地区发展战略而批设，"一带一路"倡议、长江经济带建设和京津冀协同发展是目前中国建设和发展中最主要的战略架构，实现国家级新区建设与这些重大战略的协同发展，是加快国家级新区建设及充分发挥其辐射带动作用的重要引擎。协同发展具体到区域层面，强调不同区域形成一个完整的系统、区域间形成良性的竞争－合作关系及区域空间经济自组织能力的形成等。实现国家级新区与国家重大战略的协同，可以通过不同性质要素和要素密度的空间重组、空间结构和产业结构优化，以及强化集聚效应、扩散效应和网络效应等来实现。[③] 此外，近期对国家级新区发展战略的研究，还包括国家级新区绿色增长及其路径和影响因素（赵东方等，2017）、国家级新区劳动力及人才发展战略（范巧，2018）等。

发展绩效评价的核心在于，评估国家级新区有无实现以及在多大程度实现了其批设时确定的战略意图。目前，主要的绩效评价范畴包括，

---

① 郝寿义. 雄安新区与我国国家级新区的转型与升级［J］. 经济学动态，2017（7）：4－5.

② 张晓宁，金桢栋. 产业优化、效率变革与国家级新区发展的新动能培育［J］. 改革，2018（2）：109－121.

③ 郝寿义，曹清峰. 国家级新区在区域协同发展中的作用——再论国家级新区［J］. 南开学报（哲学社会科学版），2018（2）：1－7.

国家级新区竞争力态势评价（王双，2013）、国家级新区极化效应（郭爱君和陶银海，2016）和扩散效应评价（李后成等，2015）、国家级新区环境绩效评价（梁盛平和潘善斌，2016；李明奎等，2016）等。与此同时，主要的绩效评价方法包括，指数方法及回归分析方法两条主线。经典的指数包括 ER 指数、泰尔指数、Wolfson 指数、吸引外资业绩指数等。① 基于指数分析逻辑，梁盛平和潘善斌构建了国家级新区的绿色 GDP 指数、绿色资源指数和绿色福利指数等，还对特定国家级新区的能源、交通、建筑、建材等特定绿色发展指数进行了较为系统的研究。② 基于回归分析方法的逻辑，范巧和吴丽娜引入了新兴的双重差分空间计量模型分析方法，阐释了国家级新区对周边地区经济发展的影响效应，指出相比中国南方地区的国家级新区而言，中国东北地区和西北地区的国家级新区对属地省市经济增长的影响效应更为明显。③ 但总的来说，目前，对国家级新区发展绩效评价的研究还相对比较薄弱。

总的来说，尽管对国家级新区的相关研究丰富，也涉及国家级新区研究的方方面面，但目前，学术界尚未对国家级新区的辐射带动力评价、辐射带动力的动力源泉、传导机制和形成机制等做出详细阐释。这也是本书写作的主旨所在。

1.3 全书的分析框架：逻辑与方法

本书主要对国家级新区的辐射带动力及其实现机制问题做出探索性

---

① 郭爱君，陶银海. 丝绸之路经济带与国家新区建设协同发展研究［J］. 西北师大学报（社会科学版），2016（6）：27-34.
② 梁盛平，潘善斌. 贵安新区绿色发展指数报告（2016）［M］. 北京：社会科学文献出版社，2016.
③ 范巧，吴丽娜. 国家级新区对属地省份经济增长影响效应评估［J］. 城市问题，2018（4）：48-58.

第1章 导　言

的研究，主要的研究逻辑和思路如图1.1所示。基于本书的研究逻辑和思路，全书将对什么是国家级新区的辐射带动力、国家级新区辐射带动力的类型、国家级新区辐射带动力源自何方、国家级新区辐射带动力的比较、基于经济增长视角、人口迁徙视角、创新扩散视角的国家级新区辐射带动力评价，以及如何形成国家级新区对周边省区市和属地省市强大辐射带动力的机制和路径等内容做出较为详细的分析。

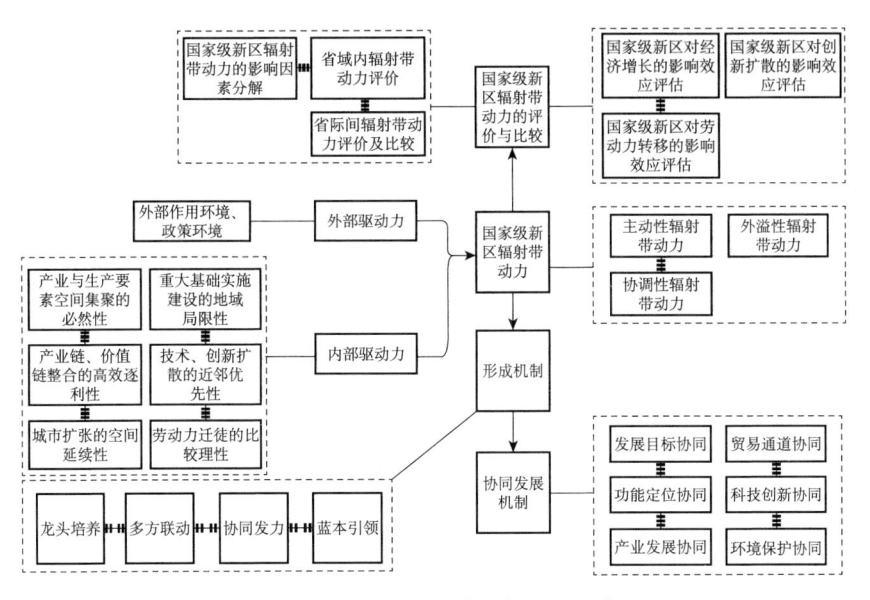

图1.1　全书分析的主要框架和思路

资料来源：笔者绘制。

依据分析逻辑和思路，全书将包括以下十个部分。

第1章，导言。主要基于文献追溯法，阐释全书的研究背景、研究思路和主要研究内容，并对国家级新区相关研究的近期进展做出回顾和评述。

第2章，国家级新区辐射带动力的概念厘定及作用机理。主要基于经典文献的整理和回顾，从区域经济学经典理论视角阐释国家级新区的辐射带动力概念，并将其与区域经济学经典理论中容易混淆的概念进行比较；同时，还将对国家级新区辐射带动力的类型进行划分，并阐释不同类型的国家级新区辐射带动力在地方经济发展不同阶段的作用机理。

第3章，国家级新区辐射带动力的动力源泉与形成机制。主要基于相关研究文献的整理和逻辑分析，重点从外部驱动力和内部驱动力两个方面阐释国家级新区辐射带动力的驱动力问题；同时，还将重点从"龙头"培育、多方联动、协同发力和蓝本引领等方面阐释国家级新区辐射带动力的形成机制问题。

第4章，国家级新区辐射带动力的评价及比较研究。主要基于绝对经济联系引力模型，结合GDP、全社会固定资产投资总额等因素，对重庆两江新区对于重庆市38个区县的辐射带动力做出评估，并对上海浦东新区、天津滨海新区、重庆两江新区及浙江舟山群岛新区四大国家级新区对中国的31个省（区、市）①的辐射带动力做出评估；同时，还将基于不同的影响半径和影响范围，对四大国家级新区的辐射带动力做出汇总分析。

第5章，国家级新区辐射带动力的影响因素分解。主要基于比较典型的空间计量模型，在考虑时空权重矩阵的内生设定基础上，对重庆两江新区辐射带动力的影响因素进行分解。

第6章，国家级新区对属地省市经济增长的影响效应评估。主要基于空间计量分析技术，在考虑不变替代弹性生产函数及双重差分模型等基础上，对国家级新区对于中国省域经济增长的总体影响效应做出评估；同时，还将对2015年之前批设的16个国家级新区对各自属地省市经济增长的个体影响效应做出评估。

第7章，国家级新区人口迁徙效应与人才发展战略。主要基于新贸易理论和特定要素贸易模型，对上海浦东新区、天津滨海新区和重庆两江新区三大国家级新区的劳动力吸纳能力和劳动力转移现状做出详细分析，并基于三大国家级新区出台的相关人才政策的收集和整理，阐释三

---

① 在本书中，中国的31个省（区、市）未包含中国港澳台地区。

大国家级新区的人才发展战略。

第8章，国家级新区创新扩散效应与创新发展战略。主要基于索洛余值法的全要素生产率核算方法，核算中国省级层面的全要素生产率；同时，结合动态的通用嵌套空间模型及其退化模型的设计及优选，以国家级新区批设对省级全要素生产率变迁的影响效应分析为依据，对国家级新区对于省域创新扩散的影响效应做出评估；还将基于国家级新区创新扩散效应的评估结果，阐释国家级新区的创新发展战略。

第9章，中国南北方区域经济协调视角下国家级新区的协同发展研究。主要对中国南北方区域经济协调的重要性，以及国家级新区协同发展在区域协调发展中的重要杠杆作用做出分析；同时，将基于经纬度空间距离和核密度函数核算的国家级新区间的空间影响关系评估，考察国家级新区间的潜在协同关系；还将对潜在协同关系比较稳定的国家级新区间的协同发展战略和路径做出较为详细的阐释和分析。

第10章，结论与展望。本章主要基于全书的分析，总结全书的主要结论，并阐释涉及国家级新区及其辐射带动力研究的延展方向。

第 2 章

国家级新区辐射带动力的概念厘定及作用机理

打造国家级新区成为特定区域的增长极，充分发挥其辐射带动周边地区的作用，进而实现特定区域的协调协同发展，应该是批设国家级新区的重要战略意图。然而，依据《国家级新区发展报告 2016》的分析，目前，国家级新区发展中存在经济增长点培育不够、竞争力和辐射带动力不强、主导产业选择未能立足于区域协调协同发展的高度、产城融合和区域融合发展程度低等问题，严重影响了以国家级新区的方式重构区域空间结构和区域治理架构战略大局的推进步伐。[①] 探索国家级新区辐射带动力及其形成机制，必须先对国家级新区辐射带动力的概念做出准确界定，同时，对国家级新区辐射带动力的主要类型划分和不同类型辐射带动力的综合作用机理进行深入阐释。

2.1 区域协调、协同发展视角下辐射带动力的概念厘定

形成和强化各类增长极的辐射带动力，是区域政策中落实区域协调

---

① 国家发展和改革委员会. 国家级新区发展报告 2016 [M]. 北京：中国计划出版社，2016.

发展理念的重要手段。区域协调发展是指，不同区域之间相互联系、关联互动、相互促进，从而实现区域利益同向增长、区域差异逐步缩小的过程和状态。① 长期以来，由于区域空间条件与结构差异（马孝先，2017）、区域不平衡发展战略的执行及循环累积因果集聚机制的强化（安虎森和李锦，2010）等原因，中国的区域经济发展在较长一段时间内呈现出非协调发展的状态。区域协调发展包括跨区域协调（刘西忠，2014）、区域与次级区域协调（夏永祥，2015）、次级区域内部协调等层次，涵盖了经济水平与经济结构协调、科技进步与人口素质协调、社会发展与物质生活水平协调、生态环境与自然资源开发利用协调等内容，综合体现了宏观主体、中观主体、微观主体全通道协调和空间关系圈层协调等要求。② 区域协调发展的机制设计，必须在充分激励主体的参与积极性、科学降低机制运行成本（李立华，2007）等原则下进行。一般来说，区域协调发展机制主要包括，区域空间与组织优化机制（覃成林，2011）、区域间竞争机制（周绍杰等，2010）、区域合作共建机制（朱天明，2017）、区域互助和补偿机制（彭劲松，2014）、区域协调治理机制（皮建才，2011）等。

  区域协同发展是区域协调发展的升华，对区域协调发展程度及水平提出了更高要求，主要指协同两个或两个以上区域、次级区域或城市，基于合作共赢理念、优势互补原则、产业分工要求和资源环境承载力，一致性地完成目标的过程和能力。③ 区域协同发展包括，大区域间协同发展（屠新泉和蒋捷媛，2017）、次级区域协同发展（朱斌和谢章澍，2002）与城市间协同发展（王浩等，2017）等。对城市间协同发展的研究，是相关研究的重点，尤其体现在对京津冀协同发展的研

---

① 李兴江，唐志强. 论区域协调发展的评价标准及实现机制［J］. 甘肃社会科学，2007（6）：51-53.
② 黄静波等. 湘粤赣边界禁止开发区域生态旅游协调发展机制——以世界自然遗产丹霞山为例［J］. 地理学报，2013，68（6）：839-850.
③ 陈耀，汪彬. 大城市群协同发展障碍及实现机制研究［J］. 区域经济评论，2016（2）：37-43.

究上。① 区域协同发展机制包括，协同发展的动力机制、组织与决策机制（冷志明，2005）、自组织运行与环境控制机制、利益整合机制（毛汉英，2017）等。

辐射带动力是区域协同发展的核心要义和关键环节。从字面上看，辐射带动力由辐射力和带动力组成。辐射力主要指，某一地区与其相关地区之间的竞争关系、合作关系，② 尤其强调中心地区对周边地区的综合影响力。对辐射力的研究，主要涵盖经济辐射力、政治辐射力和文化辐射力等领域，经济辐射力是辐射力在经济领域的体现，政治辐射力和文化辐射力是辐射力在政治领域和文化领域的体现。③ 现有相关研究主要围绕经济辐射力展开，尤其侧重于对金融辐射力和辐射半径测度的研究。④ 对经济辐射力的研究，主要建立在因子分析、主成分分析、模糊聚类分析（雷朝阳和陈永秀，2010）、分形模型分析（栾强等，2016）等基础上，对金融辐射力和辐射半径的测度主要以威尔逊模型和断裂点理论（Converse，1949）为基础。带动力主要强调某一地区带动周边地区实现发展的能力。目前，对带动力的研究，主要集中在产业带动力上，强调某一产业通过与其他产业之间的前向关联、后向关联、旁侧关联，带动区域产业实现共同成长和发展的能力，⑤ 产业带动力一般可以通过影响力系数和感应度系数（张清勇和年猛，2012）等来衡量。辐射带动力是辐射力和带动力的综合体现，强调某一中心地区对周边地区

---

① 丛屹，王焱. 协同发展、合作治理、困境摆脱与京津冀体制机制创新 [J]. 改革，2014 (6): 75–81.

② 余达锦，胡振鹏. 鄱阳湖生态经济区城镇辐射力模型及其发展研究 [J]. 华东经济管理，2010, 24 (1): 15–18.

③ 冯德显等. 区域性中心城市辐射力及其评价——以郑州市为例 [J]. 地理科学，2006 (3): 266–272.

④ 龙海明等. 现代金融区域辐射力研究——基于长沙对湖南省内其他市州辐射力的实证检验 [J]. 财经理论与实践，2014, 35 (3): 8–13.

⑤ 蒋晓岚，孔令刚. 安徽主导产业的成长性和带动力分析与对策研究 [J]. 华东经济管理，2007 (11): 4–8.

的综合影响和带动发展的能力,① 包括集聚效应的拉力、扩散效应的推力和综合效应的推拉力等。

2.2 区域经济学经典理论框架下辐射带动力与相似概念的辨析

对辐射带动力的研究源自赫希曼（Hirschman）所倡导的"经济增长的区际传递"理论，相关的经典理论包括，增长极理论、中心—外围理论、回波—扩散效应理论、极化—涓滴效应理论、区际经济辐射理论等。② 辐射带动力本身构成区域经济辐射理论的核心内容，也易于与增长极理论、中心—外围理论进行区别。然而，相比回波—扩散效应理论、极化—涓滴效应理论而言，辐射带动力的辨识度不高。本章拟在对回波效应、扩散效应、极化效应和涓滴效应评述的基础上，辨析辐射带动力与相似概念的区别和联系。

回波效应与扩散效应源于缪尔达尔（Myrdal）阐释循环累积因果关系时采用的分析工具。③ 回波效应指，一国或地区采取增长极等特殊经济发展推进政策时，使资本、劳动力、人才、资源从落后地区向发达地区转移，形成区域经济发展两极分化趋势并愈演愈烈的现象（孙自铎，1993）。扩散效应与回波效应对应，指资本、劳动力、人才、资源等从发达地区向相对落后地区的扩散。一般来说，空间经济发展初期回波效应具有主导性，在发展中后期扩散效应逐步增强，在

---

① 何文举，周辉. 资源与环境约束条件下湖南城市辐射与带动力评价 [J]. 经济地理，2011，31（12）：2034-2038.

② Hirschman A. O. Investment policies and "dualism" in underdeveloped countries [J]. American Economic Review，1957（47）：550-570.

③ Myrdal G. Economic theory and underdeveloped regions [M]. New York：Harper and Row，1957.

发展的高级阶段，扩散效应占据主导地位并促进空间经济一体化的实现。① 由于回波效应是一种相对自发的现象，近期学术界对回波效应的关注相对较少，而对扩散效应的研究则相对更多。近期对扩散效应的研究主要集中在区域经济空间扩散（陈建军和姚先国，2003）、区域产业扩散（黄伟和张炜熙，2010）、地价或房价的扩散效应（任超群等，2013；王鹤等，2014）、舆情扩散（王光辉和刘怡君，2015）、技术扩散或创新扩散等方面，尤其以对技术扩散或创新扩散的研究（金刚和沈坤荣，2016；潘文卿等，2017）为甚。

极化效应与涓滴效应，是与扩散效应和与回波效应相对应的一组概念，最初源自赫希曼（Hirschman）的分析。② 然而，在理论传播和发展中，极化效应与涓滴效应并不总是配对进行的，从而衍变出众多的相似概念组。极化效应是事物呈现向更高端方向或更低端方向发展，或同时向两端发展，中间层次减少的态势，包括经济极化、社会极化等范畴。③ 经济学中的极化效应主要包括空间极化效应及收入极化效应两个层面。空间极化效应指，产业迅速增长导致的资源、技术、信息、资金和产业地理集中的过程，④ 尤其是向增长极集中的过程。收入极化效应指，收入分布中人口向高收入和低收入两端集聚的收入结构不平衡状态，⑤ 主要表现为社会收入群体日益分裂为两个组群，且组内差距较小、组间差距较大。极化效应一般通过 ER 指数（Esteban and Ray，1994）、沃尔夫森指数（Wolfson，1994）、泰尔（TW）指数来进行测度。不过，在近期研究中，基于收入中位数附近集聚人口比例的大小

---

① 韩纪江，郭熙保. 扩散—回波效应的研究脉络及其新进展 [J]. 经济学动态，2014（2）：117 - 125.

② Hirschman A. O. The strategy of economic development [M]. New Haven：Yale University Press，1958.

③ 王成城等. 区域创新极化效应的城市贡献度——基于分解 TW 指数的空间计量研究 [J]. 中国科技论坛，2017（8）：94 - 102.

④ 吕拉昌. 极化效应、新极化效应与珠江三角洲的经济持续发展 [J]. 地理科学，2000（4）：355 - 361.

⑤ 黄潇. 极化效应与橄榄型收入结构的达致 [J]. 中国经济问题，2013（4）：24 - 37.

(Milanovic，2000)、偏序和随机占优策略（Foster and Wolfson，2010)、非参数核密度估计（转引自王朝明和李梦凡，2013）而设计的极化指数逐渐占据主导地位。与空间极化效应和收入极化效应相对应，分别产生了淋下效应和收入均等化效应两个概念。其中，淋下效应与空间极化效应相对应，强调生产要素、产业等从增长极流向其他地区；[1] 收入均等化效应与收入极化效应相对应，强调不同地区、阶层、成员之间的长期收入趋向均衡的态势（王茂湘，1982；孙勇和李慧中，2014)。

在近期研究中，涓滴效应一般不再和极化效应相配对使用，而是和虹吸效应相配对使用。涓滴效应，强调优先发展起来的群体或地区通过消费或就业等手段带动相对贫困阶层或相对落后地区发展的效应。[2] 值得指出的是，涓滴效应并不强调给予相对落后地区或相对贫困阶层以特殊优惠政策。虹吸效应，指条件更好的地区对条件较差地区的吸引，导致生产要素尤其是资本、人力资源、创新向前者集聚的强化过程（刘和东，2013；李建华等，2016)。虹吸效应的产生，主要原因在于区域经济一体化、总部经济或首脑经济对相对发达地区和相对落后地区的影响效应具有差异性（杜明军，2012)。与虹吸效应和涓滴效应相关联的一组概念，还有负向涓滴效应和瀑布效应。其中，负向涓滴效应实质上是虹吸效应在阶层收入上的体现，[3] 瀑布效应实质上是涓滴效应在产业集群中的体现，[4] 不过，相比涓滴效应而言，瀑布效应更强调相对发达地区的强迫性和相对落后地区的被动接受性。

---

[1] 方奕涛，罗建穗. 淋下效应与极化效应 [J]. 经济问题探索，1999 (2)：10-12.
[2] 李星伯等. 马太效应与涓滴效应：一个收入差距演化的新格局 [J]. 当代经济研究，2005 (8)：35-36.
[3] 刘志国，边魏魏. 负向涓滴效应：经济增长与收入分配的恶化 [J]. 南京财经大学学报，2013 (4)：1-7.
[4] 宋方涛. 全球商业革命下的瀑布效应与虹吸效应 [J]. 国际经贸探索，2009，25 (11)：64-69.

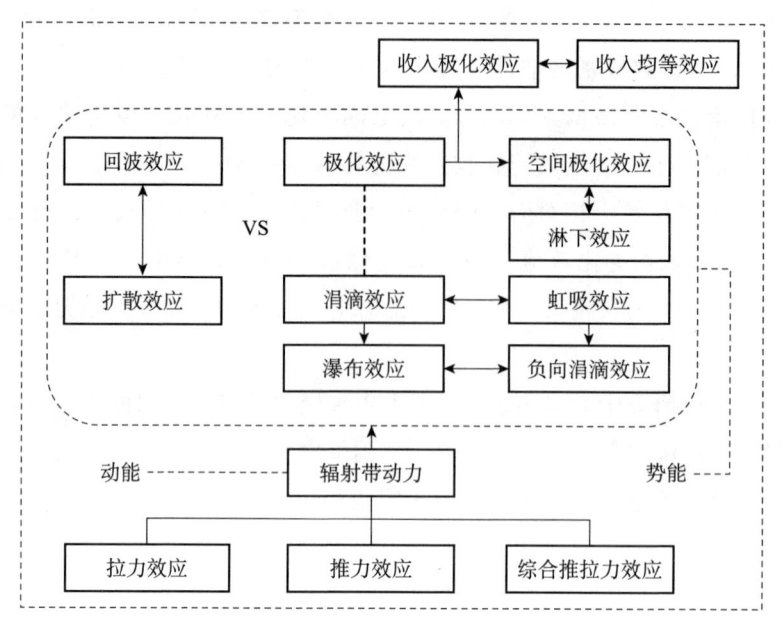

图 2.1 区域经济学经典理论框架下的辐射带动力与相似概念的辨析

资料来源：笔者根据经典文献中阐释的相关概念的逻辑关系绘制而得。

总的来说，无论是回波效应与扩散效应，还是极化效应、涓滴效应及其衍生的概念组均强调发展态势，更体现为一种势能，如图 2.1 所示。相比较而言，辐射带动力更体现为一种动能，更强调形成某种态势的内在驱动力或外在驱动力，更强调势能形成的基本路径。辐射带动力作为一种动能，是形成及强化回波效应、扩散效应、极化效应、涓滴效应等势能的重要保障。辐射带动力作为一种动能，主要包括拉力效应、推力效应和综合推拉力效应三个范畴，其中，推力效应及拉力效应强调事物发展过程中的推动作用和拉动作用，综合推拉力效应强调事物发展过程中推动作用和拉动作用之间的力量对比，更体现为一种合力。目前，对推力效应、拉力效应、综合推拉力效应的研究相对较少，相关研究主要集中在城市发展（李明超，2011）或劳动力转移过程（祁新华等，2012）中受到的推动作用和拉动作用上。因此，本章将依托于国家级新区，着力阐释国家级新区辐射带动周边地区发展的作用机理，尤其阐释推力、拉力、综合推拉力的动力源泉及形成机理，将具有十分重要的理论价值和实践意义。

2.3 国家级新区辐射带动力的类型及综合作用机理

辐射带动力是辐射力和带动力的总称，主要体现为某一特定中心地区对周边地区的拉力作用、推力作用和综合推拉作用，是形成特定中心地区与周边地区之间极化效应、涓滴效应、回波效应、扩散效应等势能的动能保障。如果将特定的中心地区限定为国家级新区，则形成国家级新区的辐射带动力。国家级新区的辐射带动力主要强调，国家级新区对属地省市和邻近省区市或地区的拉力效应、推力效应和综合推拉效应。

按照辐射带动力作用时主客体之间的关系不同、作用内容及范畴的不同，可以将国家级新区辐射带动力划分为主动性辐射带动力、协调性辐射带动力和外溢性辐射带动力三类。主动性辐射带动力指，国家级新区及其功能区发展到一定程度时内在驱动而实现的对周边地区的辐射，包括城市延伸、人口迁徙、产业转移等。协调性辐射带动力指，周边地区主动对接国家级新区及其功能区，从而享受到协同发展和协调发展的收益，包括优惠政策共享、产业价值链分工及延展与创新、技术、服务的转移扩散等。外溢性辐射带动力，强调国家级新区在强化增长极作用时，通过强化公共基础设施建设、重要公共物品提供等而形成的间接带动周边地区发展的效应和能力，包括基础设施共享、重要公共物品共用等。主动性辐射带动力、协调性辐射带动力及外溢性辐射带动力的共同作用，构成了国家级新区辐射带动周边地区发展的综合作用机理，如图 2.2 所示。

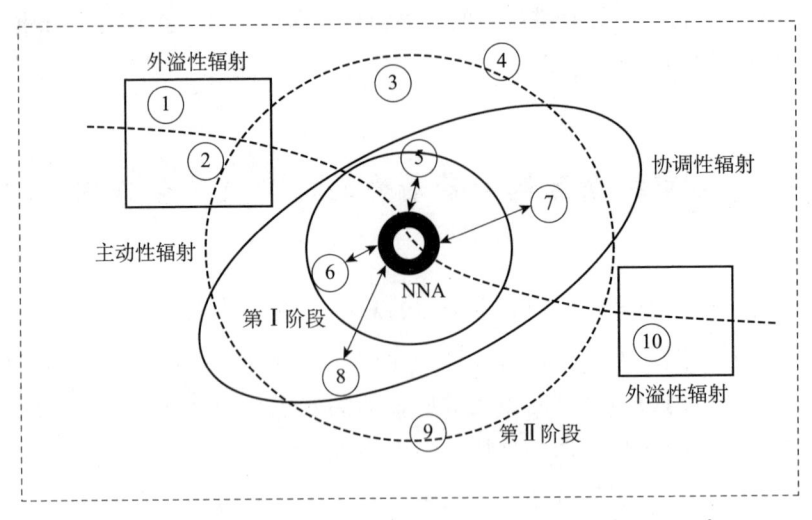

图 2.2　国家级新区的三种类型辐射带动力及其综合作用示意

资料来源：笔者根据国家级新区辐射带动力的类型和作用机理而绘制。

在图 2.2 中，图中心的黑色圆环代表国家级新区，编号①②…，⑩代表国家级新区周边市县，包括国家级新区属地省市和邻近地区的市区县。同心圆代表主动性辐射带动力，内圆实线表示第Ⅰ阶段层次比较低的主动性辐射带动力，外圆虚线表示第Ⅱ阶段更高层次的主动性辐射带动力。椭圆实线表示协调性辐射带动力，双箭头实线表示周边市县主动对接国家级新区而形成的协调发展格局和协同发展格局。实框线表示外溢性辐射带动力，编号①、②……⑩的市县与国家级新区之间的横向虚线表示重要基础设施线或者重要公共物品供给渠道线。为了分析便利，图 2.2 中采用了比较规则的同心圆、椭圆、矩形来表示不同类型的辐射带动力，这实际上蕴含了空间均质性的假设。在实际运行过程中，国家级新区对周边地区的辐射带动力将受到空间异质性、地区间政策、空间距离等的影响，从而呈现不规则形状。

外溢性辐射带动力受到国家级新区重要基础设施建设或公共物品供给等因素的影响，主动性辐射带动力受到国家级新区及其功能区发展水平的影响，协调性辐射带动力受到国家级新区周边市县的协调意愿和努力程度的影响。主动性辐射带动力、协调性辐射带动力和外溢性辐射带动力三方面的综合作用，决定了国家级新区周边市县受到国家级新区辐射带动的水平和规模。从主体的能动作用来看，国家级新区能够在一定程度上决定重要基础设施的走向和重要公共物品供给渠道，也能在一定程度上决定国家级新区及其功能区的发展阶段和发展水平，从而能在一定程度上决定其对周边市县的主动性辐射带动力及外溢性辐射带动力。

国家级新区周边市县要提升自身受到国家级新区辐射带动作用的水平，必须主要着眼于协调性辐射带动力的提升。充分调动国家级新区周边市县的协调意愿和努力程度，可以改变国家级新区辐射带动周边发展的辐射范围和辐射周期。在图2.2中，在未能调动周边市县的协调意愿和努力程度时，国家级新区对周边地区的辐射带动力将主要受主动性辐射带动力和外溢性辐射带动力的影响。主动性辐射带动力在低水平发展的第Ⅰ阶段，将主要对地区⑤、地区⑥产生影响；在较高水平发展的第Ⅱ阶段，将主要对地区②……地区⑨等地区产生影响；外溢性辐射带动力将主要对重要基础设施和重要公共物品供给渠道沿线的地区①、地区②、地区⑤、地区⑩产生影响。若在低水平发展的第Ⅰ阶段时，地区⑤、地区⑥、地区⑦、地区⑧充分发挥其区位优势，强化其协调意愿和努力程度，形成了与国家级新区协调发展和协同发展的局面。此时，国家级新区的协调性辐射带动力将发挥重要的作用，进而会改变国家级新区在后续较高水平第Ⅱ阶段的辐射带动力作用范围，地区②、地区③、地区④、地区⑨受到来自国家级新区的辐射带动力将大大削弱，甚至在较高水平的第Ⅱ阶段将消失殆尽。

2.4 本章小结

本章基于对经典文献回顾的分析方法，从区域协调理论、区域协同理念及经典理论辨析的框架出发，明确了辐射带动力的定义，指出辐射带动力主要体现为中心地区对周边地区的推力效应、拉力效应和综合推拉力效应。相比回波效应—扩散效应、极化效应—涓滴效应等势能而言，辐射带动力更体现为一种动能。

基于辐射带动力作用时主客体之间的关系、作用内容及作用范畴的不同，国家级新区辐射带动力包括主动性辐射带动力、协调性辐射带动力和外溢性辐射带动力三类。国家级新区三类辐射带动力的综合作用，将从城市拓展、人口迁徙、创新溢出和产业发展等方面，辐射带动周边地区实现快速发展。

第 3 章

国家级新区辐射带动力的动力源泉与形成机制

国家级新区是重构区域空间结构和区域治理架构的重要政策工具,然而,目前这一政策工具的作用效果尚未达到预期。如何形成国家级新区对周边地区的强大辐射带动力,更进一步说,这些强大的辐射带动力源自何方,怎样传导,如何形成?事实上,对如何形成国家级新区辐射带动力的探究,就是在阐释其实现机制问题。实现机制是指,事物形成及长期发挥作用的内在机理。实现机制包括,动力机制和形成机制两个重要的部分,其中,动力机制强调影响事物形成的必要性及动力源泉,[1] 形成机制强调事物形成的路径及过程。[2] 从国家级新区辐射带动力的动力机制和形成机制来看,前者强调国家级新区作为特定中心地区对周边地区发挥辐射带动作用的动力源泉,后者则强调国家级新区辐射带动力的传导路径及形成过程。

3.1 国家级新区辐射带动力的外部驱动力

国家级新区辐射带动力的动力源泉,主要来自外在驱动力和内在驱

---

[1] 王鹏,汪波. 协同战略的实现机制研究 [J]. 山东社会科学,2012 (3):167 – 170.
[2] 郁俊莉,傅睿. 区域经济发展中后发优势与其实现机制研究——以广东省后发区域赶超效应及政府作用为例 [J]. 中国行政管理,2014 (7):78 – 84.

动力两部分。外在驱动力强调国家级新区发挥对周边地区辐射带动作用的外部作用环境和外部政策环境，内在驱动力则强调国家级新区发挥对周边地区辐射带动作用的内在影响因素。在中国经济发展不充分、不平衡的条件下，中央政府希望通过国家级新区这类以相关行政区、特殊功能区为基础、承担国家重大发展和改革开放战略任务的国家级功能性平台的建设和发展，达到辐射带动周边地区协同发展的目的，这是国家级新区充分发挥辐射带动力的外部驱动力。

改革开放 40 多年来，中国经济取得了长足的进步和发展。然而，与世界最发达国家相比还有很大差距，经济发展不充分、不平衡的现象还很严重。2016 年，中国 GDP 为 11.24 万亿美元（以 2017 年 1 月 1 日人民币兑美元中间价为 1 美元兑 6.937 元人民币计算），占美国同期 GDP 的 60.38%；人均 GDP 为 8132.63 美元，占美国同期人均 GDP 的 14.21%。与此同时，2016 年中国各地区之间发展差异仍十分明显，GDP 最高的省区市占全国①的份额达到 10.37%，最低的省区市则低至 0.15%，其标准差变异系数也达到 0.7989。② 因此，中央政府期望通过国家级新区的批设、建设与发展，来拉动约占全国 GDP 75.22% 的属地省市经济的快速增长，由此带动全国经济的快速赶超发展。

按照国务院的批复文件及国家发改委的相关文件精神，③ 目前，国家级新区主要承载了国际中心、区域中心、区域增长极、区域开发开放门户四类辐射带动周边发展的功能定位。其中，就国际中心而言，上海浦东新区被定位为国际经济、金融、贸易和航运中心，天津滨海新区被定位于北方国际航运中心和国际物流中心，大连金普新区被定位于我国面向东北亚区域开放合作的战略高地。就区域中心而言，重庆两江新区被定位于长江上游地区的金融中心和创新中心。就区域增长极而言，兰州新区被定位于西北地区重要的经济增长极，贵州贵安区被定位于西部

---

① 未包含中国港澳台地区，全书同。
② 《中国统计年鉴 2017》、中国银行外汇牌价及美国政府网站，并经过作者计算和分析。
③ 参见中国发展网，www.chinadevelopment.com.cn/news/zj/2016/10/1090788.shtml。

地区重要的经济增长极，大连金普新区被定位于引领东北地区全面振兴的重要增长极，哈尔滨新区被定位于东北地区新的经济增长极，云南滇中新区被定位于云南桥头堡建设重要经济增长极；陕西西咸新区被定位于西部大开发的新引擎，长春新区被定位于新一轮东北振兴的重要引擎；而云南滇中新区则被定位于我国面向南亚东南亚辐射中心的重要支点，江西赣江新区则被定位于长江中游新型城镇化示范区。就区域开放开发门户而言，开津滨海新区被定位于我国北方对外开放的门户，重庆两江新区被定位于内陆地区对外开放的重要门户，浙江舟山群岛新区被定位于东部地区重要的海上开放门户，福州新区被定位于扩大对外开放重要门户，兰州新区被定位于向西开放的重要战略平台，南京江北新区被定位于长江经济带对外开放合作重要平台；贵州贵安新区被定位于内陆开放型经济新高地，四川天府新区被定位于内陆开放经济高地，湖南湘江新区被定位于长江经济带内陆开放高地；广州南沙新区被定位于粤港澳优质生活圈和新型城市化典范，大连金普新区被定位于我国面向东北亚区域开放合作的战略高地，哈尔滨新区被定位于中俄全面合作重要承载区，长春新区则被定位于图们江区域合作开发的重要平台。

尽管国家级新区被寄予厚望，然而，由于国家级新区批设时间普遍不长，对周边地区发展的辐射带动作用尚未达到政策定位的基本目标。从国家级新区辐射带动力的现实表现来看，国家级新区的辐射带动力普遍较弱。即便是最先批设的上海浦东新区，对周边地区的辐射作用和带动作用也较为有限，距离国际中心和区域中心的发展目标仍有一定差距。其余国家级新区尚处在基本建设和开发初级阶段，距离开放开发门户及区域增长极等尚有一定距离。这给国家级新区在区域协调协同发展中充分发挥辐射带动力提出新的要求，也形成了国家级新区辐射带动力的外部驱动力。

3.2 国家级新区辐射带动力的内驱力

国家级新区辐射带动力的内驱力，主要是驱动国家级新区充分发挥辐射带动力的内在重要影响因素，主要包括产业与生产要素空间集聚的必然性、重大基础设施建设的地域限制性、产业链与价值链整合的高效逐利性、技术与创新扩散的近邻优先性、城市扩展的空间延续性、劳动力迁徙的比较理性六个方面。

3.2.1 产业与生产要素空间集聚的必然性

产业及劳动力、资本、创新等生产要素在空间上的集聚，尤其是在城市空间的集聚，是现实中比较常见的经济现象。① 由于空间集聚存在规模经济效应、马歇尔外部效应等（汪彩君等，2011），产业尤其是制造业将会先实现空间集聚（王业强和魏后凯，2006）。这会以较高的要素报酬率吸引劳动力等生产要素的集聚，同时，也会推动以R&D、专利等为代表的创新要素实现空间集聚。② 产业集聚与生产要素集聚的循环累积作用将强化空间集聚。尽管空间集聚并不总是带来空间规模经济，然而，在适度集聚或集聚推进的过程中，空间规模经济等的存在，将推动产业及生产要素持续集聚。③ 国家级新区一般是在地方政府行政区、海关特殊监管区域、城市发展新区等的基础上，通过赋予更多的经济权利和给予更多的特殊优惠政策而建立起来的。由此，国家级新区一

---

① Aberg Y. Regional productivity differences in Swedish manufacturing [J]. Regional and Urban Economics, 1973, 3 (2): 131-155.

② 余泳泽. 创新要素集聚、政府支持与科技创新效率——基于省域数据的空间面板计量分析 [J]. 经济评论, 2011 (2): 93-101.

③ 唐根年等. 中国东南沿海产业空间集聚适度与生产要素优化配置研究 [J]. 地理科学, 2010, 30 (2): 168-174.

般均具有较好的产业集聚和生产要素集聚的基础,而经济权利提升和特殊优惠政策升级,必将导致规模更大、质量更好的产业和生产要素实现空间集聚。这是国家级新区辐射带动周边形成极化效应拉力的主要内驱力。

3.2.2 重大基础设施建设的地域限制性

伴随国家级新区批设而产生的重大交通、通信、能源基础设施建设,必然受到周边地区的地域限制,这是国家级新区外溢性辐射带动力的关键内驱力。一个地区或城市,在国际国内基础设施体系中的地位,将决定其发展的前景。[①] 地区或城市的基础设施投入及其规模和分布特征,不仅会导致其产出增长率的差异（Holtz - Eakin and Lovely,1996）,也会导致专业化分工和产品生产规模的差异（范前进等,2004）,从而会带来不同的就业效应、产出效应和投资效应（张光南等,2010）。一般而言,重大基础设施建设,无论是交通、通信基础设施,还是能源基础设施,均会受到地域的限制,毕竟其必须建立在国土空间的真实载体上。[②] 国家级新区作为承载国家重要发展战略的功能性平台,其批设往往意味着一批重大的、战略性的基础设施的建设及投入使用,这不仅会直接促进国家级新区和周边地区的经济发展,也会通过空间溢出效应间接带动邻近地区发展。

3.2.3 产业链、价值链整合的高效逐利性

国家级新区内产业链、价值链整合过程中呈现出的高效逐利性,是

---

① 段进. 国家大型基础设施建设与城市空间发展应对——以高铁与城际综合交通枢纽为例［J］. 城市规划学刊, 2009（1）: 33 - 37.

② 刘生龙, 胡鞍钢. 基础设施的外部性在中国的检验: 1988 ~ 2007［J］. 经济研究, 2010, 45（3）: 4 - 15.

国家级新区发挥主动性、协调性辐射带动力的核心内驱力。产业链整合是产业链条上的核心企业和节点企业，以一体化、结盟、外包等方式，实现上、下游企业资源整合和产业链条重构的动态演化过程。[①] 产业链整合涵盖产业链产生、成长、完善和消亡的全过程，是产业链的内部结构与驱动力优化、外部形态与运作方式根本变化的有效统一。[②] 价值链整合往往伴随着产业链整合而进行，是企业在产业价值链或行业价值链中重新定位，及其具体价值环节在企业价值链中重新定位的高效综合。[③] 国家级新区内产业的集聚、发展与转移过程，本质上就是国家级新区与周边地区之间的产业链和价值链整合过程，其根本目的在于节约交易费用，实现利润最大化，实现产业创新和价值再创造。[④] 尽管国家级新区与周边地区的产业链整合和价值链整合，会受到整合模式、整合能力、资源禀赋与发展战略的影响，但不容置疑，国家级新区布局核心产业链行业、企业以及价值环节，转移产业链、价值链中非核心行业、企业或价值环节，以及周边地区的承接过程，就是国家级新区发挥主动性、协调性辐射带动力的过程。

3.2.4 技术扩散、创新扩散的近邻优先性

国家级新区技术、创新向周边地区的有效扩散，是国家级新区发挥协调性辐射带动力的另一个重要内驱力。技术扩散一般是指，技术本身

[①] 曾楚宏，王斌. 产业链整合、机制调整与信息化驱动 [J]. 改革，2010（10）：62-67.

[②] 程宏伟等. 资本与知识驱动的产业链整合研究——以攀钢钒钛产业链为例 [J]. 中国工业经济，2008（3）：143-151.

[③] Stefanie B., Martin C. L. Value-creation in new product development within converging value chains: An analysis in the functional foods and nutraceutical industry [J]. British Food Journal, 2008, 110（1）：76-97.

[④] 綦良群等. 制造企业价值链整合效果影响因素研究 [J]. 中国软科学，2017（8）：133-143.

的扩散和技术进步方向的扩散,① 涵盖了国际、国内区域间、区域内扩散等类型。技术扩散一般会受到市场及其结构特征、科技进步环境(刘家树等,2016)、政府干预与要素市场扭曲(Lakhani,1975;McCain,1978)等因素的影响。创新扩散源自熊彼特创新理论中的"模仿",通常会按照 S 形曲线(Mansfield,1961)、波浪式空间扩散(Morrill,1968)、巴斯式空间扩散(Bass,1969)等模式,在空间范围内实现扩散。一般而言,技术或创新的空间扩散,会呈现出空间近邻性与距离衰减性、空间扩散等级性(仇怡,2015)、多普勒效应与惠更斯—菲涅尔效应综合作用(孙耀吾和卫英平,2010)等特征。国家级新区的周边地区有"近水楼台"优势,将享受到来自国家级新区技术扩散或创新扩散的近邻性便利和距离优先性便利。当然,国家级新区周边地区的发展基础和规模不尽相同,会受到国家级新区技术扩散、创新扩散的空间等级性限制,从而导致周边地区接受国家级新区协调性辐射的能力有所不同。而周边地区的协调意愿和努力程度同样会影响其接受国家级新区协调性辐射带动的能力。

3.2.5 城市扩张的空间延续性

城市扩张在空间上的延续性,是国家级新区发挥主动性辐射带动力的基础性内驱力。城市扩张是城市行政区划和实体空间延展的总称。② 一般来说,城市核心区的经济快速增长,带来人口拥挤性集聚与基础设施等公共物品供给不足,③ 地方政府一般会通过批设新区、撤县设区、撤并成新区等方式,来实现城市行政区划的扩张。城市行政区划的扩

---

① 仇怡. 基于对外贸易结构的技术扩散效应比较研究 [J]. 中国软科学,2009 (7):157-162.

② 王开泳等. 2000 年以来中国城市空间扩张的时空平稳性 [J]. 地理研究,2014,33 (7):1195-1206.

③ 吴宏安等. 西安城市扩张及其驱动力分析 [J]. 地理学报,2005 (1):143-150.

张,将通过建设用地指标增加来强化土地供给,进而带来城市实体空间的延展。城市在实体空间上的扩张和延展包括,空隙填充式、摊大饼式、卫星城式、轴向指向式四种类型,① 第一种是城市的内源式扩张,后三种是城市的外延式扩张。国家级新区一般是在整合原有行政区、经济区、经济功能区的基础上形成的,其在实体空间上的扩张仍然遵循城市扩张的基本规律。国家级新区的城市发展,无论采用何种形式的扩张类型,均将对周边地区产生主动性辐射带动力,内源式城市扩张将促进国家级新区内基础行政区的城市发展,而外延式城市扩张也将促进国家级新区周边区县的城市发展。

3.2.6 劳动力迁徙的比较理性

劳动力迁徙过程中呈现出的比较理性,是国家级新区辐射带动力的重要内在驱动力。一般地,劳动力将依据国家级新区与周边地区之间经济发展水平与收入差距(骆友生和刘剑文,1994)、城市化发展水平差异(李斌等,2015)、外商直接投资的区域空间分异(臧新和赵炯,2016),结合自身人力资本的专用性和适用性(赖德胜和孟大虎,2006)和农村土地规模经营与收益提升水平(杨渝红和欧名豪,2009)来决定要否进行迁徙,这是一个比较理性的决策行为。在国家级新区发展初期,大量人才优惠政策供给以及集中性大规模投资会导致提供大量就业机会,劳动力将从周边地区向国家级新区转移,这无疑会提升国家级新区与周边地区的劳动生产率,进而提升整个社会的劳动生产率。而在国家级新区发展的高级阶段,由于生活成本刚性增长导致相对收入降低,劳动力可能从国家级新区向周边地区转移,这将会为周边地区住房、教育等需求增加与人力资本总水平提升贡献力量。当然,国家级新

---

① 高金龙等. 中国城市扩张态势与驱动机理研究学派综述 [J]. 地理科学进展,2013,32(5):743-754.

区及周边地区劳动力的临时流动,在解决国家级新区支撑型产业、配套型产业劳动力供给问题的同时,会增加周边地区的汇入性劳务收入,从而带动周边地区消费水平提升进而影响周边地区经济发展。

3.3 国家级新区辐射带动力的形成机制

国家级新区辐射带动力是国家级新区对属地省市及周边地区的拉力、推力和综合推拉力等动能的总称。国家级新区辐射带动力的形成,通常有国家级新区与周边地区之间的经济总量协调、产业协同发展、城市规模优化、人口合理集聚等方面的要求。形成国家级新区对周边地区强有力的辐射带动力,必须在打造国家级新区成为区域发展核心增长极的基础上,实现国家级新区、属地地方政府、周边地区及其他利益相关主体的多方联动与协同发力,既要提升顶层设计的科学性,又要加大辐射带动发展的现实执行力,既要从资源、要素的区域一体化发展机制的构建发力,还要强化国家级新区的蓝本引领作用和全方位辐射带动机理的形成。本节提出以下几点具体建议。

3.3.1 "龙头"培育,打造国家级新区成为核心增长极

第一,建议出台国家级新区条例,以明确国家级新区的法律主体地位,赋予国家级新区关于地方行政法规的立法权及在行政、规划、财税、土地等方面的管理权限。第二,抓住"一带一路"倡议、长江经济带及京津冀协同发展的重要契机,促进国家级新区存量产业调整和增量产业培育并举,构建国家级新区的引领型产业体系,强化支柱型产业、配套型产业的优化布局。第三,立足于高端价值链,重点发展有利于人力资本培育及发挥作用的科技、金融、研发、新型轻资本制造产业和现代公共服务业,实现人才要素的精明吸纳。第四,强化国家级新区

的人居环境营造，以适度超前的公共设施建设、区域特色明显的空间布局、生态环境的良好保护等为基础提升城市活力，促成城市空间结构的组团式优化拓展，打造研发园、制造园、物流园、家园和生态园"五园合一"的产城融合模式。第五，加大科技招商力度，以科技创新平台建设、科技创新服务体系打造、科技创新重大项目实施和国际科技交流合作开展等，实现科技创新资源在国家级新区的合理集聚。

3.3.2 多方联动，提升辐射带动的顶层设计科学性和现实执行力

第一，将国家级新区辐射带动周边地区科学发展及周边地区有效承接国家级新区辐射带动发展等纳入国家层面的发展规划之中，明确国家级新区及其辐射带动地区的发展定位及产业差异化互补发展战略思路。第二，建议推进国家级新区与周边地区涉及国民经济与社会发展规划、土地利用总体规划、城乡总体规划、生态环境保护规划等实现"多规合一"，搭建协同发展的规划实施平台。第三，将国家级新区辐射带动周边发展、周边地区承接辐射带动发展的绩效纳入国家级新区治理机构，如新区管委会等，以及周边地区地方政府等的绩效考核中。第四，加大国家级新区与其他国家级功能性平台，如自由贸易试验区、国家综合配套改革试验区等的资源整合和政策整合，以自由贸易港区申请及建设发展为契机，争取提高开放开发政策的支持力度，实现融合发展。同时，将开放基础好、开发开放平台健全的周边市区县纳入国家级新区与其他功能性平台融合发展的协同建设范围，在省域范围内赋予协同建设市区县以同等的财税政策，推动国家级新区实现与周边市区县的一体化建设与发展进程。第五，强化属地地方政府、国家级新区、高校、科研院所的产学研一体化发展，通过委托、招标课题等形式，鼓励在国际、国内有影响力，或国家级新区所在地的高校、科研院所，有针对性地开展国家级新区辐射带动力及其实现机制的相关研究，切实解决国家级新区辐

射周边地区科学发展的理论问题和现实难题。

3.3.3 协同发力，提升区域要素一体化发展能力

第一，国家级新区与周边地区一起发力，积极争取将与国家级新区相关的重大交通、通信、能源基础设施建设，纳入省级层面或更高层面的发展战略或发展规划之中。第二，探索构建区域一体化市场，确保国家级新区与周边地区之间实现劳动力、资金、技术、创新、信息等关键要素和自然资源、社会资源的科学流动。第三，在国家级新区原有人才政策的基础上，出台专门的中高层次技能型人才政策、应用型人才政策，扩大人才政策的受益面积，既强调人才引进的硬件环境和资金支持，更强调人才的优质服务、良好工作氛围与舆论环境供给。第四，依托国家级新区的各类开发区、功能性园区和基地，培育战略性新兴产业和高新技术产业集群，开展重大项目创新研究和成果转化，为国家级新区产业、创新、技术向周边地区的有效扩散打下坚实基础。

3.3.4 蓝本引领，构建全方位辐射带动机制

第一，确定国家级新区的核心功能定位，推动国家级新区的城市拓展、产业集聚、产业链与价值链整合实现由地理集聚、资本集聚向功能集聚转变，打造国家级新区成为发展蓝本，充分发挥国家级新区在科学发展中的领头羊、排头兵作用。第二，比照国家级新区的核心功能定位，建立国家级新区的非核心功能、非核心配套产业和非核心配套职业人群向周边地区转移的功能疏解模式和提升模式。在国家级新区与周边地区的相邻地区建立多元化协作产业园区，国家级新区以优惠政策、优势资本和产业入股，周边地区以土地、配套投资、配套服务等入股，构建合作招商引资、"飞地"经济、战略联盟等区域合作模式和利益共享

机制。第三，充分发挥国家级新区在对外开放、产业、科技、金融、港口、生态、社会等领域发展的引领作用，推广国家级新区发展过程中典型、高效的理念和模式，建立起国家级新区对周边地区的全方位区域辐射带动机制。

3.4 本章小结

本章基于经典文献整理和逻辑分析的方法，阐释了国家级新区辐射带动力的动力机制和形成机制。国家级新区辐射带动力的驱动力，主要源于国家政策和功能定位要求、产业与生产要素空间集聚的必然性、重大基础设施建设的地域限制性、产业链与价值链整合的高效逐利性、技术与创新扩散的近邻优先性、城市扩展的空间延续性、劳动力迁徙的比较理性七个方面。形成国家级新区强大的辐射带动力，必须在打造国家级新区成为核心增长极的基础上，促进利益相关主体的多方联动和协同发力，构建全方位的辐射带动机制。

第 4 章

国家级新区辐射带动力的评价及比较研究

国家级新区的设立，是以高层级、大范围、宽领域的集中性政策制度供给，强化区域发展驱动力，[①] 从而形成强劲的区域核心增长极，辐射带动周边地区协同发展的重要举措。对于国家级新区辐射带动力评价与比较的探索研究，将为充分发挥国家级新区辐射带动周边地区发展的作用和能力提升提供理论支撑。目前，学术界涉及国家级新区辐射带动力评价的相关研究还较少。本章将基于重庆两江新区对重庆市内38个区县的辐射带动力评价，阐释省级区域内国家级新区辐射带动属地省市发展能力评价的一般范式；同时，本章将在对最先批设的四大国家级新区（上海浦东新区、天津滨海新区、重庆两江新区和浙江舟山群岛新区）辐射带动周边省市发展的能力评价基础上，阐释省际国家级新区辐射带动力评价的一般范式，并阐释不同辐射半径下国家级新区辐射带动力的一般情况。

---

① 王佃利，于棋，王庆歌. 尺度重构视角下国家级新区发展的行政逻辑探析 [J]. 中国行政管理，2016（8）：41-47.

4.1 国家级新区辐射带动力评价方法及数据说明

4.1.1 国家级新区辐射带动力评价的基本依据

国家级新区辐射带动力是国家级新区对属地省市和周边省区市邻近地区经济社会发展的拉力效应、推力效应和综合推拉力效应的总称。

充分发挥国家级新区的辐射带动力，一般有以下五个方面的要求：第一，国家级新区与邻近地区的经济总量协调。国家级新区辐射带动力的充分发挥，先要求国家级新区自身成为区域经济增长极，充分发挥其在经济发展中的领头羊作用；同时，也要求邻近地区在牺牲一定资源和机会，支撑国家级新区快速增长后，能够优先分享来自国家级新区发展的红利，形成比批设国家级新区之前速度更快、质量更优的经济发展态势。第二，国家级新区与邻近地区经济增长动力十足。充分发挥国家级新区的辐射带动力，既要求国家级新区形成强劲的经济增长动力，实现增长动力的可持续；同时，也能保证被辐射带动的邻近地区形成强劲、可持续的经济增长动力。第三，国家级新区与邻近地区的产业协同发展。充分发挥国家级新区辐射带动力，既要形成国家级新区带动邻近地区产业快速发展、邻近地区支撑国家级新区产业协同发展的良好局面，也要求邻近地区形成别具一格、特色鲜明的产业体系。第四，国家级新区与邻近地区人口规模的合理聚集。充分发挥国家级新区的辐射带动力，意味着国家级新区对邻近地区人口的吸引，使邻近地区的人才资源和劳动力资源能够汇聚至国家级新区，从而充分发挥人力资源的作用；同时，也能保证邻近地区的经济发展和产业发展所必需的充足的人力资源。第五，国家级新区与邻近地区城市规模优化。国家级新区与邻近地区人口规模的合理聚集，也意味着城市等级和规模的优化。充分发挥国家级新区的辐射带动力，必须合理规划国家级新区及邻近地区的城市等级和城市发展规模，并辅之以合理的基础设施建设和公共服务提供体量，这需要各级政府在分配财力资源时保证资源配置的结构优化。鉴于此，对国家级新区辐射带动力发挥程度的评价，必须依据国家级新区及邻近地区在经济总量协调、经济增长动力优化、产业协同发展、人口聚集规模和城市财力资源配置等方面的表现进行综合评价。

4.1.2 省域内国家级新区辐射带动力评价方法及数据说明

辐射带动力评价主要通过模糊综合评价（胡珑瑛和王建华，2001）、区域经济联系强度评价（李国平，2001）、可变模糊评价（苏艳娜等，2008）、欧氏距离评价（刘媛媛和涂建军，2011）、主成分分析（何文举和周辉，2011）、面板VAR模型评价（汪增洋，2014）、城市流强度评价（高新才和杨芳，2015）等实现。一般来说，国家级新区的批设，都带有培育其成为区域增长极的目的。基于国家级新区辐射带动力作用在空间上的延续性，其对所在省市经济社会发展的辐射带动力显得更为重要。鉴于此，本章对国家级新区辐射带动力的评价，将先建立在省域内视角下国家级新区对属地市区县的辐射带动力评价基础上；而出于数据的可得性考虑，本部分的分析将限于以重庆两江新区对重庆市内38个区县为例。

为了评价重庆两江新区批设以来对重庆市的38个区县的辐射带动力现状及发展态势，本章拟先从重庆两江新区主要经济指标的增长率变动入手阐释其拉力；然后结合重庆市的38个区县在2010~2014年的平均增长率与其在1999~2009年的平均增长率比较，阐释重庆两江新区对区县经济发展的推力；最后，从辐射带动力的综合评价入手，阐释重庆两江新区辐射带动力的发展趋势。其中，对于辐射带动力的综合评价，主要依据李国平（2001）和乔旭宁等（2007）的设定，结合绝对经济联系强度和引力模型理念来设计综合推拉力效应计算公式，如式（4.1）所示。

$$Rad_{A \to i} = \sqrt[\tau]{\prod_{m=1}^{M} Y_{A,m}} \times \sqrt[\tau]{\prod_{m=1}^{M} Y_{i,m}} / D_{A \to i}^{2}, \quad \tau = \begin{cases} M, & M > 2 \\ 2, & M \leq 2 \end{cases} \quad (4.1)$$

在式（4.1）中，下标 A 表示重庆两江新区，i = 1, 2, …, 38 指重庆市的 38 个区县，$Rad_{A \to i}$ 表示重庆两江新区对 38 个区县的综合推拉效应；$D_{A \to i}$ 表示百度地图显示的重庆两江新区与区县 i 之间最短的自驾车距离；Y_m 是表示纳入辐射带动力综合评价的各种因素，m = 1, 2, …, M，为纳入评价因素的代码。出于辐射带动力的传导机制及数据可得性的需要，本章选择了 GDP（亿元）、非农产业增加值（亿元）、年末总人口（万人）、企业法人单位数（个）、商品房销售面积（万平方米）等指标，作为主要的综合评价因素。其中，GDP 主要考虑辐射带动力在经济总量协调上的表现，非农产业增加值主要考虑辐射带动力在非农产业发展影响上的表现，年末总人口主要考虑辐射带动力在劳动力迁徙上的表现，企业法人单位数主要考虑辐射带动力在自然资源和社会资源流动上的表现，商品房销售面积主要考虑辐射带动力在城市发展吸引力上的表现。各指标的取值年限为 2010～2014 年。

上述表征辐射带动力的指标数据主要依据官方正式统计资料获得，其中，重庆两江新区数据主要从历年《重庆两江新区国民经济和社会发展统计公报》（2010～2014 年）整理得到；相应区县的数据主要依据历年《重庆统计年鉴》获得；距离以百度地图中重庆两江新区管委会至相应区县地方政府的驾车最短距离为准，测距时间为 2016 年 3 月 12 日上午 10 点。对于数据缺失或者显示为 0 的情况，需单独处理。其中，对 1999 年商品房销售面积缺省值，主要以缺省值中房屋竣工住宅面积最大的县为依据，并设定该县商品房销售面积为 0.0044（四舍五入为 0），并以该设定替代的标准值（0.0044）除以 1999 年开县的房屋竣工住宅建筑面积（22.26 万平方米），再乘以缺省值相应区县相应年份的房屋竣工住宅建筑面积，得到相应区县的销售面积缺省值。这种折算实际上蕴含了商品房销售面积与房屋竣工住宅面积成正比变动的假设。2005年城口县商品房销售面积数据缺省值设定为1.0105万平方米，计算依据为1999年城口县商品房销售面积实际值（0.3万平方米），乘以1999~2010年商品房销售面积的年均增长倍数。这里同样蕴含着等比增长的假设，这些数据的处理将可能导致相应评价结果的偏差。

4.1.3 省际视角下国家级新区辐射带动力评价方法及数据说明

本章对省际视角下国家级新区辐射带动力的评价，仍然基于乔旭宁等（2007）和李国平（2011）的分析，构建了如式（4.2）所示的评价方法。

$$\operatorname{Rad}_{T,NNA_i \to j} = \frac{\sqrt[M]{\prod_{m=1}^{M} Y_{T,NNA_i,m} \times \prod_{m=1}^{M} Y_{T,j,m}}}{D_{NNA_i \to j}^2} \quad (4.2)$$

在式（4.2）中，NNA指国家级新区，$i=1,2,\cdots,4$，表示纳入评价的国家级新区编号，分别指上海浦东新区、天津滨海新区、重庆两江新区、浙江舟山群岛新区。$j=1,2,\cdots,31$，表示纳入评价的我国的31个省区市对应的编号，评价省区市按照如下顺序排序：北京市、天津市、河北省、山西省、内蒙古自治区、辽宁省、吉林省、黑龙江省、上海市、江苏省、浙江省、安徽省、福建省、江西省、山东省、河南省、湖北省、湖南省、广东省、广西壮族自治区、海南省、重庆市、四川省、贵州省、云南省、西藏自治区、陕西省、甘肃省、青海省、宁夏回族自治区、新疆维吾尔自治区。各个省（区、市）排序序号，全书同。T表示纳入评价的时间周期，尽管上海浦东新区和天津滨海新区成立时间相对较早，但重庆两江新区和浙江舟山群岛新区分别成立于2010年和2011年，为了辐射带动力评价的统一性且部分省市2016年度的相关数据暂未得到更新，则本章的时间周期暂定为2011~2015年，即 T = 2011，2012，…，2015。

在式（4.2）中，$Rad_{T,NNA_i \to j}$ 表示不同年份四大国家级新区分别辐射带动我国的 31 个省区市发展的能力。$D_{NNA_i \to j}$ 表示第 i 个国家级新区至其余 30 个省区市的空间距离，这里以国家级新区所在城市至其余 30 个省区市省会级城市的城市间公路里程数替代，由此，在测算各个国家级新区对周边省区市的辐射带动力时，仅能考察国家级新区对其属地省市以外的 30 个省区市的辐射带动力。Y_m 表示纳入国家级新区辐射带动力评价的各种影响因素，m = 1，2，…，M，分别表示纳入评价的各种影响因素的代码，$Y_{T,NNA_i,m}$、$Y_{T,j,m}$ 分别指，T 年第 i 个国家级新区、T 年第 j 个省（区、市）纳入评价影响因素的对应指标值。出于数据的可得性和评价的可比性，本章在评价国家级新区辐射带动力时，主要考虑 GDP（亿元）、规模以上工业总产值（亿元）、全社会固定资产投资总额（亿元）、社会消费品零售总额（亿元）、一般财政预算收入（亿元）、进出口总额（亿美元）、年末常住人口数（万人）七个因素。其中，GDP 主要反映了辐射带动力在经济总量协调方面的表现；规模以上工业总产值主要反映了辐射带动力在产业协同发展方面的表现；全社会固定资产投资总额、社会消费品零售总额、进出口总额主要反映了辐射带动力在经济增长引擎和驱动力协调方面的表现；一般财政预算收入主要反映了辐射带动力在不同城市等级条件下政府资源和财力配置方面的表现；年末常住人口数主要反映了辐射带动力在人口集聚方面的表现。

本章主要从官方统计信息中获取 2011～2015 年四大国家级新区与 31 个省区市涉及辐射带动力评价七个因素的相关数据。其中，上海浦东新区的数据依据 2012～2016 年《上海浦东新区统计年鉴》获取。天津滨海新区的数据依据 2014 年、2015 年《天津市滨海新区国民经济和社会发展统计公报》《滨海新区年鉴 2014》《天津滨海新区统计年鉴 2015》等获取主体数据，并结合《滨海新区 2011 年经济持续较快发展》《经济平稳较快增长，转型发展加快推进——滨海新区 2012 年经济发展综述》以及 2012 年、2014 年、2016 年《天津统计年鉴》对数据进行查漏补缺。重庆两江新区数据依据 2011~2015 年《重庆两江新区国民经济和社会发展统计公报》《重庆两江新区统计信息月报 2016.12》等获取。由于浙江舟山群岛新区包含舟山市全境，则其相关数据依据 2011~2016 年《舟山市国民经济和社会发展统计公报》获取。各省区市的相关数据通过分省区市统计年鉴获取。2011~2015 年规模以上工业总产值由大型企业工业总产值和中型企业工业总产值相加获取。2015 年，天津滨海新区全社会固定资产投资总额以工业项目计划投资总额替代。所有以人民币计价的进出口总额数据以 2017 年 4 月 9 日人民币兑美元汇率中间价（6.8949）折算成亿美元。

4.2 省域内国家级新区辐射带动力评价结果：以重庆两江新区为例

基于式（4.1），结合 2010~2014 年重庆两江新区及重庆市的 38 个区县的主要指标及增长率分析，可以初步得到重庆两江新区对重庆市的 38 个区县的辐射带动力现状及趋势。重庆两江新区对重庆市的 38 个区县的辐射带动力发展态势，主要呈现出以下三个重要特征。

4.2.1 重庆两江新区经济高速增长但稳态并未形成，作为增长极的拉力效应不明显

自 2010 年 6 月 18 日重庆两江新区挂牌成立以来，经过数年发展，取得了一系列卓有成效的发展业绩。2014 年，重庆两江新区 GDP 达到 1860.68 亿元，是 2010 年的 1.86 倍，年均增长率达到 16.74%；非农产业总产值达到 1843.33 亿元，是 2010 年的 1.87 倍，年均增长率为 16.96%；年末总人口数达到 164.34 万人，是 2010 年的 1.14 倍，年均

增长率为 3.26%；企业法人单位数达到 23988 个，是 2010 年的 1.63 倍，年均增长率为 13.02%；商品房销售面积为 859.82 万平方米，相当于 2010 年的 0.97 倍，年均增长率为 -0.70%。①

尽管重庆两江新区自成立以来保持了较高的增长速度，但其增长势头并未形成稳定的态势。从分年度的环比增长率来看，重庆两江新区主要指标的增长率并非一路飙升，甚至部分年份出现了负增长，如表 4.1 所示。同时，从历年环比增长率与五年间平均增长率的比较来看，环比增长率低于五年平均增长率的年度指标个数达到 10 个，占总数的比重达到 50%。

表 4.1　　2010～2014 年重庆两江新区主要经济指标增长率　　　　单位：%

项目	2010～2011 年增长率	2011～2012 年增长率	2012～2013 年增长率	2013～2014 年增长率	2010～2014 平均增长率
地区生产总值	24.11	18.73	11.77◎	12.77◎	16.74
非农产业总产值	24.26	19.23	11.89◎	12.90◎	16.96
年末总人口数	4.55	2.87◎	2.85◎	2.80◎	3.26
企业法人单位数	10.75◎	19.77	6.40◎	15.59	13.02
商品房销售面积	4.80	-11.45◎	2.15	2.58	-0.70

注：上标◎指，相应年度增长率低于五年间平均增长率。
资料来源：笔者根据《重庆两江新区国民经济和社会发展统计公报》《重庆两江新区统计信息月报》（2016.12）等资料计算整理而得。

4.2.2　重庆两江新区对重庆市的区县经济发展的扩散作用不明显，推动效应未形成

按照中国经济增长和统计数据变化的一般特征，年份靠后的经济指标值要远高于年份靠前的经济指标值。要阐释重庆两江新区对重庆市的 38 个区县的推动效应是否形成，必须结合主要经济指标的增长率进行分析。当然，主要指标的增长率提升并不能直接说明重庆市的 38 个区县发展受到了重庆两江新区的推力作用，但若主要指标增长率呈现了降

---

① 作者根据《重庆两江新区国民经济和社会发展统计公报》《重庆两江新区统计信息月报》（2016.12）计算得到相应的增长率。

低态势,则可说明重庆两江新区批设对重庆市的 38 个区县发展有一定的挤出效应。基于前文阐释的重庆两江新区推力效应分析方法,本章绘制了重庆市的 38 个区县主要经济指标在 2010~2014 年平均增长率与 1999~2009 年平均增长率之差的示意图,如图 4.1 所示。当然,由于部分区县 1999 年商品房销售面积过小,统计年鉴资料中显示的信息为 0,其平均增长率之差主要依据 2010~2014 年平均增长率与 2005~2009 年平均增长率的差值计算得知。

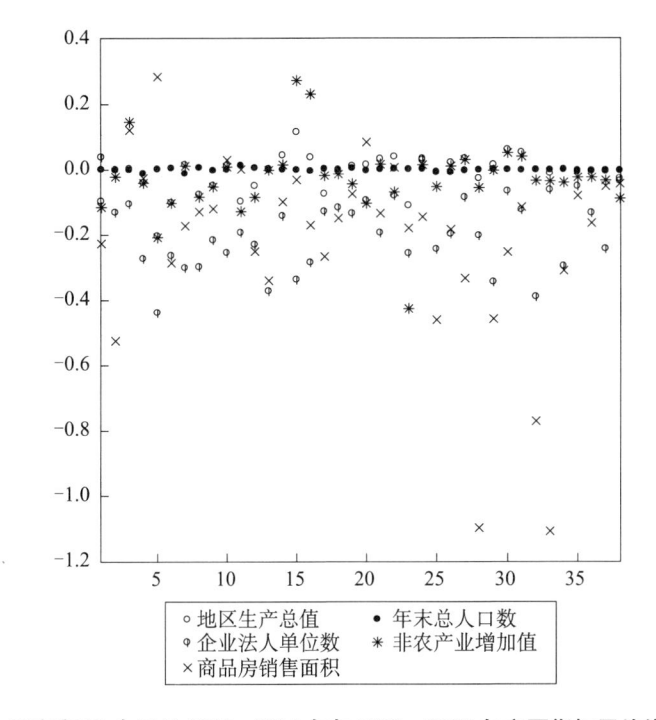

图 4.1 重庆市 38 个区县 2010~2014 年与 1999~2009 年主要指标平均增长率之差

注:横轴序号 1~38 分别指,万州区、黔江区、涪陵区、渝中区、大渡口区、江北区、沙坪坝区、九龙坡区、南岸区、北碚区、渝北区、巴南区、长寿区、江津区、合川区、永川区、南川区、綦江区、大足区、璧山区、铜梁区、潼南区、荣昌区、梁平区、城口县、丰都县、垫江县、武隆区、忠县、开州区、云阳县、奉节县、巫山县、巫溪县、石柱县、秀山县、酉阳县、彭水县(全书中重庆市 38 个区县的序号相同)。

资料来源:笔者基于 EViews 9.0 软件绘制而得。

从图 4.1 可知，重庆两江新区批设之后，重庆市的 38 个区县主要经济指标的平均增长率有大幅度、大比例降低的趋势。这说明，近期重庆两江新区的建设和发展对区县经济社会发展不仅未能实现推动作用，反而有一定的挤出效应。从增长率之差的绝对数据来看，GDP 中仅有合川区（+11.44%）[①]、开州区（+6.08%）等 17 个区县 2010~2014 年的平均增长率超过了 1999~2009 年的平均增长率，占区县总数的比例仅占 44.74%。非农产业增加值中仅有合川区（+27.26%）、永川区（+23.08%）等 12 个区县 2010~2014 年平均增长率超过了 1999~2009 年平均增长率，占区县总数的比例仅占 31.58%。年末总人口数中仅有渝北区（+1.23%）、九龙坡区（+0.51%）等 10 个区县 2010~2014 年平均增长率超过了 1999~2009 年平均增长率，占区县总数的比例仅占 26.32%。企业法人单位数中仅有万州区（+3.80%）、梁平区（+3.35%）两个区县 2010~2014 年平均增长率超过了 1999~2000 年平均增长率，占区县总数的比率仅占 5.26%。商品房销售面积中仅有大渡口区（+28.40%）、涪陵区（+12.07%）等六个区县 2010~2014 年平均增长率超过了 2005~2009 年平均增长率，占区县总数的比例仅为 15.79%。

4.2.3 重庆两江新区综合推拉力效应近期集中于主城区，但有上升趋势

依据式（4.1）的设计，结合数据可得性和完整性，本章以式（4.3）为依据，就重庆两江新区对重庆市的 38 个区县综合推拉力进行了综合评价。

$$\text{Rad}_{A \to i} = \sqrt[5]{\text{GDP}_A \times \text{NaG}_A \times \text{Pop}_A \times \text{NuE}_A \times \text{SqH}_A} \\ \times \sqrt[5]{\text{GDP}_i \times \text{NaG}_i \times \text{Pop}_i \times \text{NuE}_i \times \text{SqH}_i} \times \frac{1}{D_{A \to i}^2} \quad (4.3)$$

[①] 括号内数字表示 2010~2014 年平均增长率相对于 1999~2009 年平均增长率的绝对增加值。

在式（4.3）中，GDP、NaG、Pop、NuE、SqH 分别指相应地区的 GDP、非农业增加值、年末总人口、企业法人单位数、商品房销售面积。其余字符含义与式（4.1）相同。图 4.2 显示了 2010~2014 年重庆两江新区对重庆市的 38 个区县的辐射带动力情况。

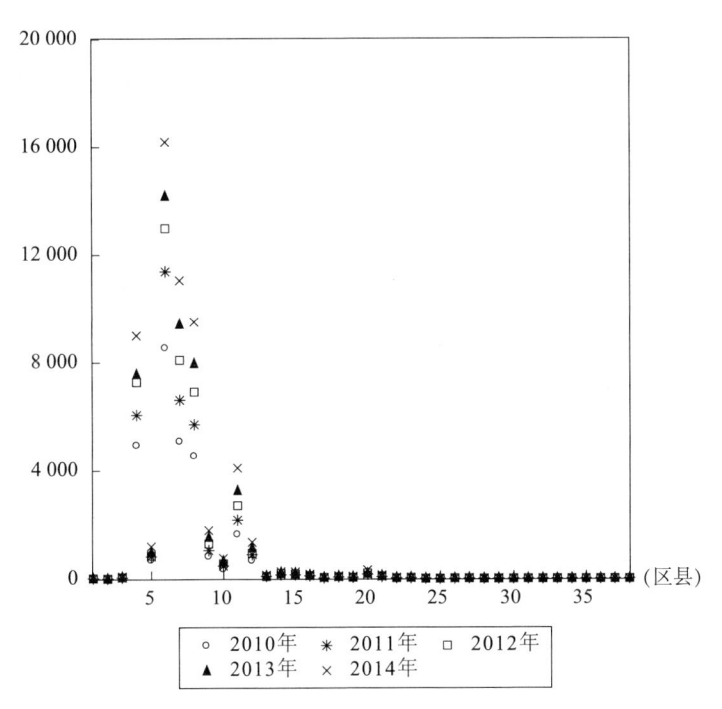

图 4.2　2010~2014 年重庆两江新区对重庆市的 38 个区县的综合推拉力结果

资料来源：笔者基于 EViews 9.0 软件绘制而得。

从图 4.2 来看，目前重庆两江新区对重庆市的 38 个区县辐射带动力的综合效应，主要体现在江北区、渝中区等主城 9 区。从 2010~2014 年重庆两江新区综合推拉力的变化趋势来看，重庆两江新区对重庆市的 38 个区县的综合推拉力增长具有较强的上升趋势。其中，综合推拉力增长最快的是云阳县，重庆两江新区对云阳县 2014 年的综合推拉力达到了 2010 年的 3.27 倍，年均增长率达到了 34.45%；而综合推拉力增长速度最慢的奉节县，2014 年综合推拉力也达到了 2010 年的 1.58 倍，年均增长率为 12.17%。

总的来说，重庆两江新区的主要经济指标实现了高速增长，但未形成稳定的发展态势，重庆两江新区作为增长极的拉力效应并未真正形成；同时，重庆两江新区的建设和发展，并未实现对重庆市的 38 个区县发展的推动作用，重庆两江新区作为增长极的推动效应尚未形成。不过，近期重庆两江新区对重庆市的 38 个区县的综合推拉效应呈现上升趋势，这在主城 9 区表现得尤为明显。这说明重庆两江新区作为增长极具有极大的潜力。

4.3 省际视角下国家级新区辐射带动力评价结果及比较

4.3.1 省际视角下四大国家级新区对邻近省区市的辐射带动力评价结果

基于式（4.2）及相关数据，本章计算了 2011~2015 年上海浦东新区、天津滨海新区、重庆两江新区、浙江舟山群岛新区四大国家级新区对我国的 31 个省区市的辐射带动力，如图 4.3 所示。

在四大国家级新区中，上海浦东新区和天津滨海新区的辐射带动力已经初步形成。其中，2011~2015 年，上海浦东新区对各省区市辐射带动力的平均值为 40.44，最大值为 761.94，最小值为 0；2011~2015 年，天津滨海新区对各省区市辐射带动力的平均值为 49.23，最大值为 984.40，最小值为 0.01。重庆两江新区和浙江舟山群岛新区的辐射带动力已初显端倪，但相对上海浦东新区和天津滨海新区而言较弱。其中，2011~2015 年，重庆两江新区对其余 30 个省区市辐射带动力的平均值为 2.90，最大值为 50.07，最小值为 0.01；2011~2015 年，浙江舟山群岛新区对其余30个省区市辐射带动力的平均值为5.60，最大值为80.28，最小值为0。从四大国家级新区辐射带动力的描述性统计结果或从图4.3中可知，天津滨海新区的辐射带动力表现似乎比上海浦东新区更好，这尤其体现在对北京市等省区市的辐射带动力上。究其原因，本章认为可能来自两方面的原因：首先，京津冀地区一体化协同发展导致天津滨海新区对北京市的辐射带动力得到了超乎寻常的强化；其次，式（4.2）的评价方法设计导致国家级新区辐射带动力评价过于依赖国家级新区至其余30个省区市的空间距离。

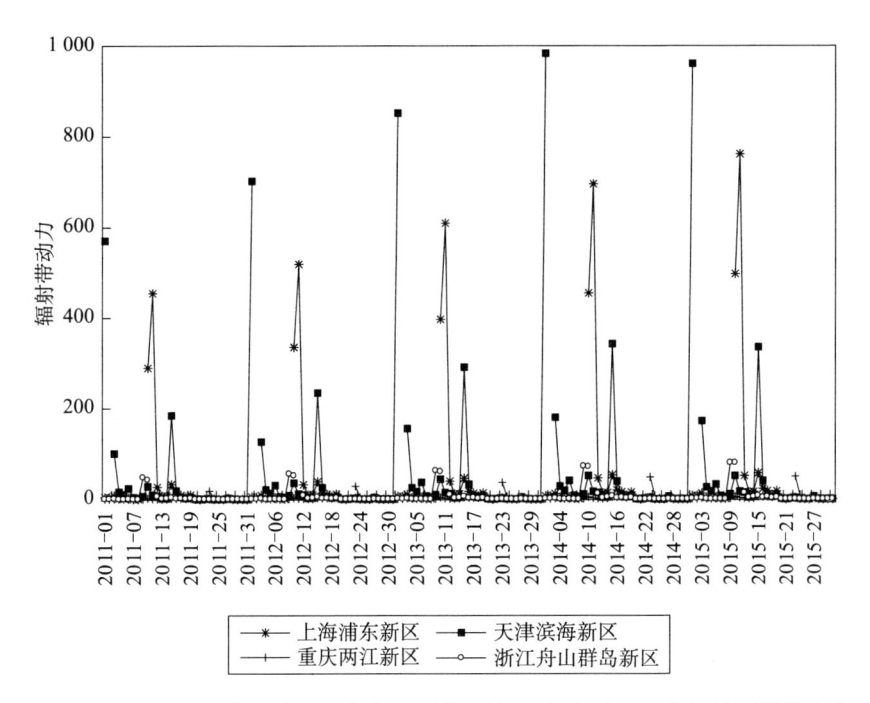

图4.3 2011~2015年四大国家级新区对我国的31个省（区、市）的辐射带动力

注：横轴的2011~2015表示2011~2015年；横轴的01~31分别代表中国的31个省（区、市），其排序情况同前。

资料来源：笔者基于EViews 9.0软件绘制而得。

4.3.2 不同辐射半径视角下四大国家级新区辐射带动力比较

本章分析中,我们得到了一个似乎不太符合逻辑的国家级新区辐射带动力比较结果:天津滨海新区比上海浦东新区成立时间要晚很久,然而,其对其余 30 个省区市的辐射带动力均值和最大值却均大于上海浦东新区。由此,在国家级新区辐射带动力评价中,必须既建立在考察国家级新区到周边省区市空间距离的基础上,同时又要消除辐射带动力评价中对空间距离的过分依赖。

为达到上述目的,本章将依据国家级新区所在城市至周边省(区、市)省会级城市的城市间公路里程数,形成不同的辐射半径,从而对四大国家级新区所辐射带动的省区市进行分组,然后,对四大国家级新区在不同辐射半径下的辐射带动力进行分组评价。其省区市分组按照如下步骤进行:第一,基于四大国家级新区所在城市至其余各省区市省会级城市的城市间公路里程数,测算国家级新区至其余各省区市的空间距离并计算空间距离最大值和最小值的全距(4376 千米);第二,依据分组组数确定方法的斯特基公式 $k = 1 + 3.322 \times \log_{10}(n)$,① 确定国家级新区辐射带动省区市的分组组数(6 组),其中,k 为分组组数,n = 30 为省区市数;第三,依据 0~800 千米、801~1600 千米、1601~2400 千米、2401~3200 千米、3201~4000 千米、4001~4800 千米等辐射半径,对四大国家级新区辐射带动的省区市进行分组(不包括国家级新区所在省市);第四,由于四大国家级新区辐射带动力在省区市分组视角下 3201~4000 千米、4001~4800 千米组别中部分数据为空,则将这两个组别合并成一组,即 3200 千米以上。四大国家级新区不同辐射半径下省区市分组情况如表 4.1 所示。基于式(4.2)的国家级新区辐射带动力评价公式,结合表 4.2 的省区市分组,对不同辐射半径下四大国家级

---

① 耿修林. 商务经济统计学 [M]. 北京:科学出版社,2003:28.

新区辐射带动力情况进行重新评价，结论如表4.3所示。

表4.2　四大国家级新区不同辐射半径下的省（区、市）分组

国家级新区	0~800 千米	801~1600 千米	1601~2400 千米	2401~3200 千米	3200 千米以上
上海浦东新区	浙江、江苏、安徽	江西、山东、湖北、河南、福建、天津、河北、湖南、北京、陕西、山西	广东、内蒙古、辽宁、宁夏、重庆、甘肃、贵州、广西、吉林	青海、海南、四川、黑龙江、云南	新疆、西藏
天津滨海新区	北京、河北、山东、山西、内蒙古、辽宁、河南	江苏、安徽、吉林、上海、宁夏、黑龙江、陕西、浙江、湖北、江西	湖南、甘肃、青海、福建、重庆、四川	广东、贵州、广西、海南	云南、新疆、西藏
重庆两江新区	四川、贵州	陕西、云南、广西、湖北、甘肃、湖南、河南、青海、宁夏、山西	江西、海南、安徽、河北、山东、广东、江苏、内蒙古、浙江、北京、上海、天津、福建	西藏、辽宁	吉林、新疆、黑龙江
浙江舟山群岛新区	上海、江苏、安徽、江西	湖北、福建、山东、湖南、河南、河北、天津、北京、陕西、广东	山西、内蒙古、辽宁、重庆、贵州、广西、宁夏、甘肃、海南、四川、吉林	青海、黑龙江、云南	新疆、西藏

资料来源：笔者根据国家级新区至其余30个省区市的空间距离计算整理而得。

表4.3　不同辐射半径视角下四大国家级新区的辐射带动力

国家级新区	辐射带动力	0~800 千米	801~1600 千米	1601~2400 千米	2401~3200 千米	3200 千米以上
上海浦东新区	平均值	347.69	12.58	2.96	0.96	0.14
	最大值	761.94	57.67	17.82	3.13	0.36
	最小值	27.24	2.32	0.20	0.11	0.00
天津滨海新区	平均值	192.16	10.81	2.27	2.28	0.33
	最大值	984.40	52.02	5.33	8.79	0.76
	最小值	11.23	0.56	0.14	0.14	0.01
重庆两江新区	平均值	21.35	1.93	1.81	0.37	0.22
	最大值	50.07	5.40	6.45	0.96	0.34
	最小值	2.77	0.07	0.12	0.01	0.09

续表

国家级新区	辐射带动力	0~800千米	801~1600千米	1601~2400千米	2401~3200千米	3200千米以上
浙江舟山群岛新区	平均值	34.94	2.44	0.31	0.13	0.03
	最大值	80.28	7.83	0.87	0.22	0.07
	最小值	2.35	0.44	0.03	0.02	0.00

资料来源：笔者基于前面的辐射带动力测算结果计算整理而得。

此时，将四大国家级新区2011~2015年辐射带动31个省（区、市）的辐射带动力的Pool堆积序列按照从小到大的顺序进行分别排列，并以四个排序序列中第90个百分位数点对应的辐射带动力的均值作为阈值（27.89），来判断四大国家级新区是否形成区域增长极，并以此判断四大国家级新区辐射带动周边省（区、市）发展的有效辐射半径。结合表4.2中辐射带动力平均值以及前文定义的辐射带动力阈值可知，目前，上海浦东新区和天津滨海新区已经形成了区域增长极，其辐射带动力发挥作用的有效辐射半径达到了800千米，并开始向1600千米延伸发展；浙江舟山群岛新区则初步形成了区域增长极，其辐射带动周边省（区、市）发展的有效辐射半径也达到了800千米，但目前仍处在800千米有效辐射半径内的巩固、发展阶段；重庆两江新区尚未形成区域增长极，其辐射带动周边省（区、市）发展能力仅仅在部分方向上超过了辐射带动力阈值。

同时，在四大国家级新区作为区域增长极的有效辐射半径内，上海浦东新区的平均辐射带动力比天津滨海新区的平均辐射带动力大，这有效地证明了前面关于辐射带动力评价受到空间距离影响的猜测，也更符合国家级新区发展的实际。与此同时，无论是4.3.1小节的国家级新区辐射带动力的整体评价部分，还是本小节不同辐射半径视角下国家级新区辐射带动力比较中，相关结论均显示浙江舟山群岛新区对周边省区市的辐射带动力大于重庆两江新区。究其原因，可能来自以下两方面：第一，浙江舟山群岛新区以舟山市全境划入新区，重庆两江新区以重庆江北区、渝北区和北碚区的一部分划入新区，相对而言，舟山市前期发展基础较好，且得益于沿海地区较为开放和发达的区域经济联系，这将导致浙江舟山群岛新区辐射带动周边地区发展的能力相对稍强。第二，重庆两江新区虽然比浙江舟山群岛新区批设时间早，但二者批设时间差距不过一年左右，这并不足以形成重庆两江新区辐射带动力赶超发展的后发优势。

4.4 本章小结

本章基于绝对经济联系引力模型方法，对重庆两江新区对于重庆市内38个区县的辐射带动力进行了评价；同时，对上海浦东新区、天津滨海新区、重庆两江新区、浙江舟山群岛新区辐射带动其余各省区市的能力进行了评价；本章还基于四大国家级新区所在城市至其余30个省区市省会级城市的城市间公路里程数，分组考察了不同辐射半径下四大国家级新区辐射带动力情况，得到了一些比较有意义的研究结论。从推力效应和拉力效应来看，重庆两江新区尚未形成对重庆市内38区县有效辐射带动的区域增长极，但其综合推拉效应有上升趋势；上海浦东新区、天津滨海新区作为区域经济增长极辐射带动周边省区市发展的能力已经形成，重庆两江新区和浙江舟山群岛新区作为区域经济增长极辐射带动周边省区市发展的作用也在逐步凸显；综合国家级新区辐射带动力的整体评价以及基于不同辐射半径的分组评价结果，四大国家级新区辐射带动周边省区市的能力排序情况如下：上海浦东新区＞天津滨海新区＞浙江舟山群岛新区＞重庆两江新区。

尽管本章的分析取得了一些有意义的研究结论，将可能对充分发挥国家级新区辐射带动力的政策实践起到一定参考作用，但事实上本章分析中也存在来自如下两方面的瑕疵。包括：国家级新区至其余30个省区市的距离以属地城市到其他省区市省会级城市的城市间公路里程数替代，可能导致国家级新区辐射带动力评价结果不精准。目前，尚无科学、客观的方法可以精准地确定国家级新区成为区域增长极的辐射带动力阈值，而本章设定阈值等于四大国家级新区的第 90 个百分位数辐射带动力均值的做法，也可能导致国家级新区成为区域增长极的判断结果不精准。与此同时，目前，四大国家级新区辐射带动周边省区市发展的有效辐射半径相对较小，尚无法对空间距离超过 1600 千米的省区市产生有效的辐射带动力，这有待于四大国家级新区强化和提升辐射带动力，也有待于其余 15 个国家级新区辐射带动周边省区市发展作用的充分发挥。

第 5 章

国家级新区辐射带动力的影响因素分解

对国家级新区辐射带动力的主要影响因素进行科学和合理的分解，将有利于探明经济社会主要发展变量对国家级新区辐射带动力产生作用的内在机理和作用强度，这将会为国家级新区辐射带动力的宏观调控和政策调节提供理论依据。本章将以重庆两江新区辐射带动力的影响因素分解为例，基于空间计量经济分析技术，在空间自回归模型、空间杜宾模型和空间误差模型三种经典模型和四种流行的内生时空权重矩阵设定条件下，试算和优选最适宜模型，以构建国家级新区辐射带动力影响因素分解的一般范式。

5.1 空间计量经济分析技术：简单的回顾

空间计量经济分析技术源起于佩林克和克拉森（Paelinck and Klaassen）的研究，[①] 主要经历了萌芽阶段（20 世纪 70 年代中叶～80 年代末）、起飞阶段（20 世纪 90 年代）、成熟阶段（2000 年以后）。[②] 近期研究主要围绕模型形式设定及选择、空间权重矩阵设定、模型参数估计、预测及精度等方面展开。

---

① Paelinck J., Klaassen L. Spatial econometrics [M]. Farnborough: Saxon House, 1979.
② 孙久文，姚鹏. 空间计量经济学的研究范式与最新进展 [J]. 经济学家，2014（7）：27–35.

空间计量经济学模型主要有空间自回归模型（SAR）、空间杜宾模型（SDM）和空间误差模型（SEM）三种基本类型。近期研究基于对随机误差项不同影响方式的考察，衍生出高斯条件设定误差模型（CAR）、空间自相关模型（SAC）和空间自回归移动平均模型（SARMA）；① 基于空间相关性的非线性考察，衍生出了矩阵指数模型；② 基于不同数据类型的考察，衍生出了时空计量经济学模型（Hu et al.，2014）、空间计量交互模型（Marrocu and Paci，2013）和空间离散选择模型（Xu and Lee，2015）。模型形式众多导致选择问题，主要围绕传统计量模型中是否纳入空间因素、选择何种空间计量模型、数据类型改变条件下特定模型形式设定三个问题展开。第一个问题主要基于计算莫兰（Moran）指数、盖蒂斯指数（Getis，2007）等完成，第二个问题、第三个问题主要通过鲁棒（Robust）检验、极大似然（LM）检验等完成。③ 目前，尚无证据证明哪一种指数或检验具有压倒性优势，不过，LM检验更为流行，穆尔和安古洛（Mur and Angulo）还利用LM检验处理了传统计量模型与特定空间计量模型的转化和选择问题。④

空间权重矩阵一般通过外生设定并经过行随机处理得到。外生空间权重矩阵主要基于地理上的邻接效应（Kato，2013）、空间距离（Takagi et al.，2012）、经济社会规模（Fingleton and Palombi，2013）、无信息均等权重（Lee et al.，2010）中的单一因素、两种因素或多种因素组合形成。⑤

---

① Lesage J., Pace R. K. Introduction to spatial econometrics [M]. New York: CRC Press Taylor and Francis Group, 2009: 279 – 293.

② Rodriguesa E. et al. A closer look at the spatial exponential matrix specification [J]. Spatial Statistics, 2014 (9): 109 – 121.

③ Wu J., Li G. Moment - based tests for individual and time effects in panel data models [J]. Journal of Econometrics, 2014, 178 (3): 569 – 581.

④ Mur J., Angulo A. Model selection strategies in a spatial setting: Some additional results [J]. Regional Science and Urban Economics, 2009, 39 (2): 200 – 213.

⑤ Cassette A. et al. Strategic fiscal interaction across borders: Evidence from french and german local governments along the Rhine valley [J]. Journal of Urban Economics, 2012, 72 (1): 17 – 30.

面板数据的应用,导致了时空权重矩阵的产生。① 近期研究中也偶见基于模型自身推导(Qu and Lee,2015)、从被解释变量和估计的残差(Bhattacharjee and Jensen-butler,2013)等推导出内生空间权重矩阵的做法。参数估计是空间计量建模过程中的关键环节,最流行的空间计量估计方法包括,极大似然估计(Arbia,2014)、基于贝叶斯的马尔可夫链蒙特卡洛模拟(MCMC)估计(Yu et al.,2012)。空间模型预测与传统模型预测不同,需要依据不同的模型形式加以处理。对于空间自回归模型和空间杜宾模型,必须将原始模型右侧涉及被解释变量自回归部分移至左侧进行处理;② 其他模型则不需要进行这种处理。③ 预测精度的比较主要通过均方误差来完成。④ 经过近40年的发展,空间计量分析技术已经形成相对完善的体系,已成为区域经济研究中的主流方法。

5.2 影响因素分解模型的基本设定及数据处理说明

充分发挥国家级新区对周边地区的辐射带动力是贯彻落实"创新、协调、绿色、开放、共享"五大发展理念的重要手段。重庆两江新区自2010年6月批设以来,经济社会发展取得了重要的成效,但其作为区域增长极的发展效应并不明显,对周边区县和周边省区市发展的推动效

---

① Dubé J. et al. A spatial difference – in – differences estimator to evaluate the effect of change in public mass transit systems on house prices [J]. Transportation Research Part B: Methodological, 2014(64): 24 – 40.

② Fingleton B., Palombi S. Spatial panel data estimation, counter factual predictions, and local economic resilience among british towns in the Victorian era [J]. Regional Science and Urban Economics, 2013, 43(4): 649 – 660.

③ Shoesmith G. L. Space – time autoregressive models and forecasting national, regional and state crime rates [J]. International Journal of Forecasting, 2013, 29(1): 191 – 201.

④ Zhu B. et al. The predictive power of anisotropic spatial correlation modeling in housing prices [J]. The Journal of Real Estate Finance and Economics, 2011, 42(4): 542 – 565.

应也不明显。由此,探索重庆两江新区对周边地区发展的辐射带动力及其实现机制问题十分重要。对辐射带动力实现机制的探索依赖于对重庆两江新区辐射带动周边地区发展的传导路径图谱的梳理,这必然要求实现对重庆两江新区辐射带动力影响因素的准确分解。本章构建了如式(5.1)、式(5.2)、式(5.3)所示的三种空间计量经济学模型,用以分解影响重庆两江新区辐射带动力的主要因素。

$$Y = \alpha_0 \iota_0 + \rho_{sar} TWY + XB_1 + U_1 \quad (5.1)$$

$$Y = \beta_0 \iota_0 + \rho_{sdm} TWY + XB_2 + TWX\theta + U_2 \quad (5.2)$$

$$Y = \gamma_0 \iota_0 + XB_3 + U_4, U_4 = \rho_{sem} TWU_4 + U_3 \quad (5.3)$$

式(5.1)、式(5.2)、式(5.3)分别为空间自回归模型(SAR)、空间杜宾模型(SDM)和空间误差模型(SEM);Y 为 $NT \times 1$ 阶的被解释变量矩阵,表示重庆两江新区辐射带动力的堆积序列,其中,N 为重庆两江新区辐射带动力作用的地区数量,T 为重庆两江新区辐射带动力的作用时间周期。ι_0 为 $NT \times 1$ 阶元素取值恒为 1 的矩阵;α_0、β_0、γ_0 分别为经验常数;ρ_{sar}、ρ_{sdm}、ρ_{sem} 分别为三个模型中的空间相关系数,其取值在 -1 和 1 区间;X 为 $NT \times K_1$ 阶的解释变量矩阵,表示重庆两江新区辐射带动力可能影响因素的堆积序列。其中,K_1 为解释变量个数。TW 为 $NT \times NT$ 阶的时空权重矩阵,其建构方式将在后文中得到详细说明;B_1、B_2、B_3 分别为 $K_1 \times 1$ 阶的参数矩阵,表示三个模型的解释变量参数;U_1、U_2、U_3 分别为 $NT \times 1$ 阶的随机扰动项矩阵,且服从均值为 0、方差分别为 $\sigma_1^2 I_{NT}$、$\sigma_2^2 I_{NT}$、$\sigma_3^2 I_{NT}$ 的多维正态分布,其中,σ_1^2、σ_2^2、σ_3^2 为常数,I_{NT} 为 NT 阶单位矩阵。U_4 也为 $NT \times 1$ 阶随机扰动项矩阵,其分布形式受到式(5.3)的限制。

本章采用基于绝对经济联系的引力模型来确定被解释变量,所选取的辐射带动力评价因素包括地区生产总值(GDP,亿元)、非农业总产值(NaG,亿元)、年末户籍人口总数(Pop,万人)、企业法人单位数(NuE,个)、商品房销售面积(SqH,万平方米),分别涵盖了辐射带动力在经济总量协调、产业发展、劳动力迁徙、资源流动和城市发展吸引力五个方面的表现。被解释变量的确定方法如下：第一，搜集重庆两江新区及其辐射带动地区在辐射带动力作用周期内的五个评价因素数据。第二，基于等式

$$Y'_{it} = \frac{\sqrt[5]{\text{GDP}_{A,t}\text{NaG}_{A,t}\text{Pop}_{A,t}\text{NuE}_{A,t}\text{SqH}_{A,t}} \times \sqrt[5]{\text{GDP}_{i,t}\text{NaG}_{i,t}\text{Pop}_{i,t}\text{NuE}_{i,t}\text{SqH}_{i,t}}}{D^2_{A \to i}},$$

确定重庆两江新区辐射带动力的初始值。其中，Y'_{it}代表t时期重庆两江新区对i地区的辐射带动力初始值；A代表重庆两江新区；i代表重庆两江新区辐射带动的某个地区，i = 1，2，…，N；t代表重庆两江新区辐射带动力发挥作用的某个时期，t = 1，2，…，T；$D_{A \to i}$代表重庆两江新区至i地区的自驾车最短距离。第三，基于等式 $Y_{it} = \frac{Y'_{it} - \text{Mean}(Y'_{it})}{\text{Std. Er}(Y'_{it})}$，对重庆两江新区辐射带动力初始值进行无量纲标准化处理，得到被解释变量数据，其中，Mean（g）和Std. Er（g）分别指括号内表达式的平均值和标准差。

对于解释变量的确定，与被解释变量的确定方式类似。出于数据的可得性和完整性，在考虑重庆两江新区辐射带动力可能因素的基础上，本章选择了公共财政预算收入（X_1，亿元）、全社会固定资产投资总额（X_2，亿元）、社会消费品零售总额（X_3，亿元）、进出口总额（X_4，亿美元）、实际利用内资（X_5，亿元）、金融机构人民币贷款余额（X_6，亿元）、城镇化率（X_7，%）、城镇居民可支配收入（X_8，万元）作为影响重庆两江新区辐射带动力的备选因素，并按如下方式确定解释变量。第一，搜集辐射带动周期内重庆两江新区和各个辐射带动地区关于上述八个因素的相关数据。第二，依据等式 $X'_{it,k_1} = \frac{\sqrt[2]{X_{A,t,k_1}X_{i,t,k_1}}}{D^2_{A \to i}}$，确定重庆两江新区辐射带动力的影响因素初始值。其中，X'_{it,k_1}表示t时期内重庆两江新区对i地区辐射带动力的第k_1个影响因素的初始值；X_{A,t,k_1}、X_{i,t,k_1}分别表示重庆两江新区和i地区影响重庆两江新区辐射带动力的第k_1个因素，k_1 = 1，2，…，K_1；$D_{A \to i}$仍然代表重庆两江新区至i地区的

自驾车最短距离。第三，基于等式 $X_{it,k_1} = \dfrac{X'_{it,k_1} - \text{Mean}_k(X'_{it,k_1})}{\text{Std. Er}_k(X'_{it,k_1})}$，对重庆两江新区辐射带动力的影响因素初始值进行无量纲标准化处理得到各个解释变量数据，$\text{Mean}_{k_1}(\cdot)$ 和 $\text{Std. Er}_{k_1}(\cdot)$ 仍然分别指括号内表达式的平均值和标准差。

在本章的分析中，由于重庆两江新区辐射带动的地区限定为重庆市内的38个区县，作用的时间周期限定为2010~2015年。则N和T的值随之确定，即$N=38$，$T=6$；同时，由于模型中采用了八个解释变量，则$K_1=8$。依据2011~2016年《重庆统计年鉴》、2011~2016年《重庆两江新区国民经济和社会发展统计公报》《重庆两江新区统计信息月报》（2016.12），可以获得被解释变量、解释变量的所有数据，如图5.1所示。

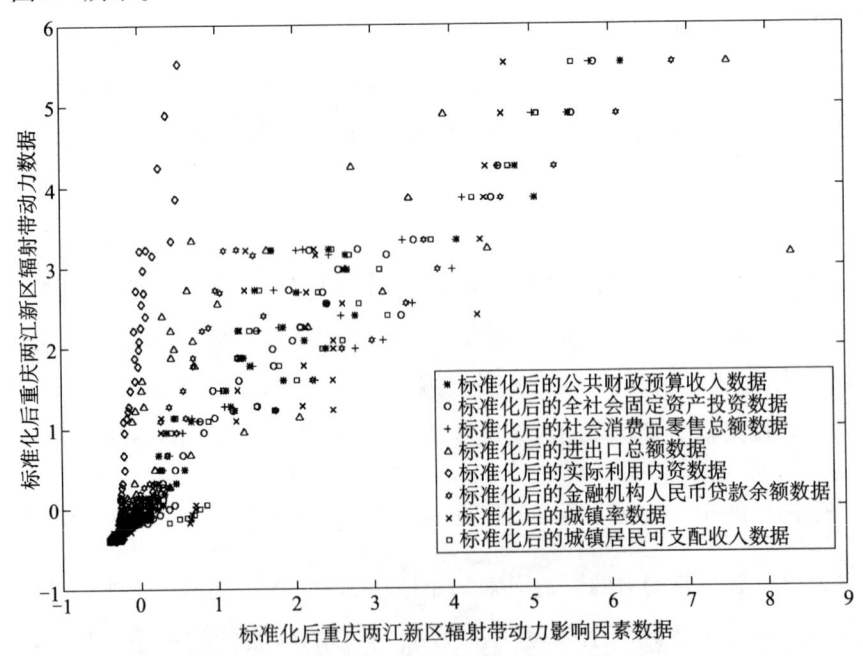

图 5.1 被解释变量和解释变量数据关系示意

资料来源：笔者基于EViews 9.0软件绘制而得。

5.3 时空权重矩阵的确定：基于全局莫兰指数比值的内生设定方法

时空权重矩阵 TW 的确定，对空间计量模型参数估计和参数效应分析十分重要。本章先按照空间邻接关系、地区间距离、地区间经纬度、目的地经济规模四种方式分别设定四种初始空间权重矩阵，并结合可变时间效应的时空权重矩阵设定方法，分别构建四种内生时空权重矩阵。

5.3.1 初始空间权重矩阵的设定及其标准化

第一种初始空间权重矩阵基于 Queen 空间邻接关系设定，当地区之间具有相同的顶点或者共同的边界时，则空间权重矩阵元素取值为 1，否则取值为 0。第二种初始空间权重矩阵基于地区间的距离设定，其元素取值为重庆两江新区辐射带动重庆市的 38 个区县的地方政府所在地之间自驾车最短距离的倒数。第三种初始空间权重矩阵按照地区间经纬度设计，其元素取值按照式（5.4）进行。在式（5.4）中，r_e 为地球半径，sin、cos、arccos 分别为正弦、余弦和反余弦函数；φ_i、φ_j 分别为地区 i、j 的经度，λ_i、λ_j 分别为地区 i、j 的纬度，i、j = 1, 2, …, 38。第四种初始空间权重矩阵按照目的地经济规模设计，其元素取值为 $W_{ij} = [W^{(1)}\widetilde{W}^{(eco)}]_{ij}$，其中，$W^{(1)}$ 为按照 Queen 空间邻接关系而确定元素的空间权重矩阵，$\widetilde{W}^{(eco)}$ 为以所有时期某地区 GDP 的平均值占所有地区 GDP 平均值的和的比重作为主对角线元素、其余元素为 0 的经济规模权重矩阵，即 $\mathrm{Diag}(\widetilde{W}^{(eco)}) = \left\{\dfrac{\overline{GDP_1}}{\overline{GDP}}, \dfrac{\overline{GDP_2}}{\overline{GDP}}, \cdots, \dfrac{\overline{GDP_N}}{\overline{GDP}}\right\}$，其中，$\overline{GDP_i} = \dfrac{1}{T}\sum\limits_{t=1}^{T} GDP_{i,t}$，$\overline{GDP} = \sum\limits_{i=1}^{N}\overline{GDP_i}$；i = 1, 2, …, 38 表示重庆市的 38 个区县。

$$W_{ij} = (1/d_{ij}^2) / \sum_{j=1}^{n} (1/d_{ij}^2)$$

$$d_{ij} = r_e \times \arccos[\sin(\varphi_i)\sin(\varphi_j) + \cos(\varphi_i)\cos(\varphi_j)\cos(\lambda_j - \lambda_i)] \quad (5.4)$$

设行随机标准化处理后的上述四种空间权重矩阵分别为 W_1、W_2、W_3、W_4，则重庆市的 38 个区县之间四种空间溢出效应可以由图 5.2 阐释。在图 5.2 中，1~38 分别表示万州区、黔江区、涪陵区、渝中区、大渡口区、江北区、沙坪坝区、九龙坡区、南岸区、北碚区、渝北区、巴南区、长寿区、江津区、合川区、永川区、南川区、綦江区、大足区、璧山区、铜梁区、潼南区、荣昌区、梁平区、城口县、丰都县、垫江县、武隆区、忠县、开州区、云阳县、奉节县、巫山县、巫溪县、石柱县、秀山县、酉阳县、彭水县。

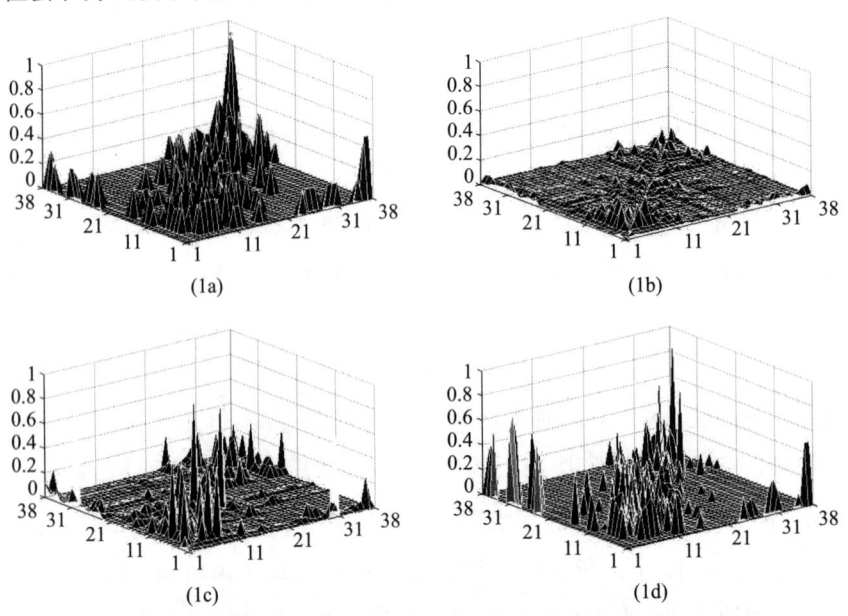

图 5.2　经过行随机标准化处理的四种空间权重矩阵

注：(1a) 是基于 Queen 空间邻接关系的标准化空间权重矩阵；(1b) 是基于地区间距离的标准化空间权重矩阵；(1c) 是基于地区间经纬度的标准化空间权重矩阵；(1d) 是基于目的地经济规模的标准化空间权重矩阵。

资料来源：笔者基于 Matlab R2015a 软件绘制而得。

5.3.2 内生时空权重矩阵的设定方法

由于空间权重矩阵一般适用于包含截面数据的空间计量模型分析，而空间计量研究中数据向面板数据拓展的需要，使构建科学的时空权重矩阵变得尤为必要。目前，最为流行的时空权重矩阵主要基于标准化处理后的空间权重矩阵和有约束固定时间效应的时间权重矩阵，经过克罗内克积组合而成。这种时空权重矩阵由于具有外生性和固定的时间效应，并不十分科学。本章拟基于不同年份间全局莫兰指数的比值，构建一种包含可变时间效应的内生时空权重矩阵，其本质在于，在任意初始设定空间权重矩阵的前提下，通过不同年份的全局莫兰指数比值来消除初始空间权重矩阵设定的影响，并模拟空间溢出效应在时间上的转移和传导效应而形成时间权重矩阵。最后，通过空间权重矩阵和时间权重矩阵的组合形成时空权重矩阵。其设定包括三个步骤：第一，基于研究兴趣任意设定初始空间权重矩阵；第二，基于初始空间权重矩阵及实际的研究模型和数据，计算分年度所有地区的全局莫兰指数，并以分年度全局莫兰指数两两之间的比值作为时间权重矩阵的元素，构建时间权重矩阵；第三，基于空间权重矩阵和时间权重矩阵的克罗内克积组合，形成内生的时空权重矩阵。

5.3.2.1 设定初始的空间权重矩阵

一般地，空间权重矩阵通过考察地区间的空间溢出效应传导路径来完成。如果以 w_{ij} 表示地区 i、j 之间的空间溢出效应，则空间权重矩阵可以表示为如式（5.5）所示。

$$W = \begin{bmatrix} 0 & w_{12} & \cdots & w_{1n} \\ w_{21} & 0 & \cdots & w_{2n} \\ \vdots & \vdots & \ddots & \vdots \\ w_{n1} & w_{n2} & \cdots & 0 \end{bmatrix} \quad (5.5)$$

在式（5.5）中，i、j 指所有地区截面，i = 1, 2, …, n, j = 1, 2, …, n。空间权重矩阵的元素设定一般遵循如下原则：主对角线上元素全为 0；w_{ij} 由空间溢出效应的类型和衡量指标来表征，可以是空间邻接关系，也可以是距离或者经济社会发展规模的某种函数。对空间权重矩阵一般需要进行标准化处理，标准化处理的方法有很多，但一般选择行随机标准化处理，即 $w_{ij} / \sum_{j=1}^{n} w_{ij}$。经过标准化处理后的空间权重矩阵如式（5.6）所示。

$$W' = \begin{bmatrix} 0 & w'_{12} & \cdots & w'_{1n} \\ w'_{21} & 0 & \cdots & w'_{2n} \\ \vdots & \vdots & \ddots & \vdots \\ w'_{n1} & w'_{n2} & \cdots & 0 \end{bmatrix} \quad (5.6)$$

5.3.2.2 确定内生的时间权重矩阵

由于被解释变量分年度的全局莫兰指数代表该年度内所有地区之间的空间溢出效应，则两个不同年份的全局莫兰指数的比值必然体现为空间溢出效应随时间变化而形成的转移效应和传导效应。于是，基于不同年度全局莫兰指数两两之间的比值，可以准确地描绘出空间溢出效应在时间上的影响关系和传导路径变化，基于此可以精准地确定时间权重矩阵。由于不同年度全局莫兰指数的比值是变化的，则相比较有约束的固定时间效应的时间权重矩阵而言，这种包含可变时间效应的时间权重矩阵更能动态地模拟空间溢出效应在时间上的转移效应和传导机制。毕竟固定时间效应的时间权重矩阵中主对角线以下每一行的所有元素是相同的，表示所有时期对某一固定时期空间溢出效应的时间转移效应是相同的，这与经济社会发展现实明显不符。

设分年度全局莫兰指数为 m_l，则基于年度间全局莫兰指数比值的时间权重矩阵可以由式（5.7）表示。在式（5.7）中，l、r 指研究中选择的时间影响周期，$l = 1, 2, \cdots, t$，$r = 1, 2, \cdots, t$。

$$\zeta = \begin{bmatrix} \zeta_{11} & \zeta_{12} & \cdots & \zeta_{1t} \\ \zeta_{21} & \zeta_{22} & \cdots & \zeta_{2t} \\ \vdots & \vdots & \ddots & \vdots \\ \zeta_{t1} & \zeta_{t2} & \cdots & \zeta_{tt} \end{bmatrix} = \begin{bmatrix} 1 & 0 & \cdots & 0 \\ \dfrac{m_2}{m_1} & 1 & \cdots & 0 \\ \vdots & \vdots & \ddots & \vdots \\ \dfrac{m_t}{m_1} & \dfrac{m_t}{m_2} & \cdots & 1 \end{bmatrix} \tag{5.7}$$

时间权重矩阵的元素由两个时期被解释变量的全局莫兰指数比值给定，其元素设定原则如下：主对角线元素恒为1，表示同一时期内被解释变量空间溢出效应的时间转移效应为1，实际上，同时期全局莫兰指数的比值也必然为1；上三角元素全为0，这意味着，被解释变量空间溢出效应仅仅受到时间在前的被解释变量空间溢出效应的影响，不会受到时间在后的被解释变量空间溢出效应的影响；下三角元素取值为元素所在行对应年份的全局莫兰指数与所在列对应年份的全局莫兰指数之间的比值。这意味着，时间权重矩阵的下三角元素阐释了列对应年份空间溢出效应对行对应年份空间溢出效应的时间影响效应。

式（5.7）的时间权重矩阵仍然需要进行标准化处理，其标准化处理方法与空间权重矩阵的标准化处理方法类似，即 $\zeta_{lr} / \sum_{r=1}^{t} \zeta_{lr}$。令 $A = \sum_{r=1}^{t} \dfrac{1}{m_r}$，$B = \dfrac{m_1}{m_1 + m_2}$，$C = \dfrac{m_2}{m_1 + m_2}$，则行标准化处理后的时间权重矩阵，如式（5.8）所示。

$$\zeta' = \begin{bmatrix} 1 & 0 & \cdots & 0 \\ C & B & \cdots & 0 \\ \vdots & \vdots & \ddots & \vdots \\ \dfrac{1}{m_1 A} & \dfrac{1}{m_2 A} & \cdots & \dfrac{1}{m_t A} \end{bmatrix} \tag{5.8}$$

5.3.2.3 内生的时空权重矩阵及其性质阐释

基于式（5.6）的空间权重矩阵和式（5.8）的时间权重矩阵，可以通过克罗内克积组合得到时空权重矩阵。其组合方式为：$TW' = \zeta' \otimes W'$，其中，$\otimes$ 为克罗内克积符号。此时，尽管式（5.6）的空间权重矩阵仍是外生设定的，然而由于式（5.8）的时间权重矩阵消除了空间权重矩阵初始设定的影响，并由以被解释变量数据序列为基础产生的各年度全局莫兰指数比值而内生地产生，于是，该时空权重矩阵也内生地根植于模型数据本身。此时，包含可变时间效应的内生时空权重矩阵，可以由式（5.9）表示。

$$TW' = \begin{bmatrix}
0 & w'_{12} & \cdots & w'_{1n} & 0 & 0 & \cdots & 0 & \cdots & 0 & 0 & \cdots & 0 \\
w'_{21} & 0 & \cdots & w'_{2n} & 0 & 0 & \cdots & 0 & \cdots & 0 & 0 & \cdots & 0 \\
\vdots & \vdots & \ddots & \vdots & \vdots & \vdots & \ddots & \vdots & \cdots & \vdots & \vdots & \ddots & \vdots \\
w'_{n1} & w'_{n2} & \cdots & 0 & 0 & 0 & \cdots & 0 & \cdots & 0 & 0 & \cdots & 0 \\
0 & Cw'_{12} & \cdots & Cw'_{1n} & 0 & Bw'_{12} & \cdots & Bw'_{1n} & \cdots & 0 & 0 & \cdots & 0 \\
Cw'_{21} & 0 & \cdots & Cw'_{2n} & Bw'_{21} & 0 & \cdots & Bw'_{2n} & \cdots & 0 & 0 & \cdots & 0 \\
\vdots & \vdots & \ddots & \vdots & \vdots & \vdots & \ddots & \vdots & \cdots & \vdots & \vdots & \ddots & \vdots \\
Cw'_{n1} & Cw'_{n2} & \cdots & 0 & Bw'_{n1} & Bw'_{n2} & \cdots & 0 & \cdots & 0 & 0 & \cdots & 0 \\
\vdots & \vdots & \ddots & \vdots & \vdots & \vdots & \ddots & \vdots & \ddots & \vdots & \vdots & \ddots & \vdots \\
0 & \dfrac{w'_{12}}{m_1 A} & \cdots & \dfrac{w'_{1n}}{m_1 A} & 0 & \dfrac{w'_{12}}{m_2 A} & \cdots & \dfrac{w'_{1n}}{m_2 A} & \cdots & 0 & \dfrac{w'_{12}}{m_t A} & \cdots & \dfrac{w'_{1n}}{m_t A} \\
\dfrac{w'_{21}}{m_1 A} & 0 & \cdots & \dfrac{w'_{2n}}{m_1 A} & \dfrac{w'_{21}}{m_2 A} & 0 & \cdots & \dfrac{w'_{2n}}{m_2 A} & \cdots & \dfrac{w'_{21}}{m_t A} & 0 & \cdots & \dfrac{w'_{2n}}{m_t A} \\
\vdots & \vdots & \ddots & \vdots & \vdots & \vdots & \ddots & \vdots & \cdots & \vdots & \vdots & \ddots & \vdots \\
\dfrac{w'_{n1}}{m_1 A} & \dfrac{w'_{n2}}{m_1 A} & \cdots & 0 & \dfrac{w'_{n1}}{m_2 A} & \dfrac{w'_{n2}}{m_2 A} & \cdots & 0 & \cdots & \dfrac{w'_{21}}{m_t A} & \dfrac{w'_{n2}}{m_t A} & \cdots & 0
\end{bmatrix}$$

(5.9)

式（5.9）的内生时空权重矩阵具有如下特征：第一，在以 n×n

个元素形成分块矩阵的条件下，时空权重矩阵可以形成 t×t 个单独的分块矩阵，这是由内生时空权重矩阵的组合方式决定的。第二，在 t×t 个分块矩阵中有 $\frac{t(t-1)}{2}$ 个元素全为零的分块矩阵，这是由空间溢出效应的时间滞后性决定的。第三，在 t×t 个分块矩阵中，主对角线元素均为 0，这意味着在所有时段内截面自身不会对自身产生空间溢出效应。第四，时空权重矩阵的主对角线元素均为 0，这与空间权重矩阵保持一致。第五，时空权重矩阵中所有行的行元素和为 1。这意味着，时空权重矩阵不再需要进行标准化处理。

值得注意的是，在构建时空权重矩阵时，不仅可以按照 $TW' = \zeta' \otimes W'$ 的形式进行设计，也可以按照 $TW'^{(false)} = W' \otimes \zeta'$ 的形式进行设计，还可以求二者之和以进行元素加总。然而，从这三种可能的时空权重矩阵的性质来看，TW' 相比 $TW'^{(false)}$ 而言明显更优。其原因在于，在以 t×t 个元素形成分块矩阵的条件下，基于 $TW'^{(false)}$ 方式形成的内生时空权重矩阵可以形成 n×n 个独立的分块矩阵，其中，位于主对角线位置的 n 个分块矩阵元素全为 0。这意味着，每一年份当期地区之间不产生空间溢出效应，这与经济社会发展现实不符。这决定了基于二者之和构建的时空权重矩阵也不科学。由此，在构建内生时空权重矩阵时，采用 $TW' = \zeta' \otimes W'$ 方式更为妥当。

5.3.3 内生时空权重矩阵的确定

在四种空间权重矩阵和内生时空权重矩阵设定方法的基础上，本章基于如下步骤构建了四种内生时空权重矩阵。首先，在四种标准化的空间权重矩阵基础上，结合被解释变量的堆积序列 Y_{it}，计算各年度的四种全局莫兰指数，如表 5.1 所示。其次，基于内生时空权重矩阵的确定方法，确定四种内生的时间权重矩阵，如表 5.2 所示。然后，基于克罗内克积，将四种标准化的空间权重矩阵和四种标准化的内生时间权重矩阵组合，形成四种内生时空权重矩阵，则 2010～2015 年重庆两江新区对重庆市内的 38 区县辐射带动力的空间溢出效应及其在时间上的转移效应和传导效应可以由图 5.3 展示。将四种内生的时空权重矩阵记为 TW1、TW2、TW3、TW4，此时，坐标轴中 1～228 代表 2010～2015 年重庆市的 38 个区县的堆积序列，其中，1～38 指 2010 年重庆市的 38 个区县，39～76 指 2011 年重庆市的 38 个区县，以此类推。

表 5.1　重庆两江新区辐射带动力空间相关性的全局莫兰指数

年份	按 W1 计算的年度莫兰指数	按 W2 计算的年度莫兰指数	按 W3 计算的年度莫兰指数	按 W4 计算的年度莫兰指数
2010	0.4834	0.2073	0.3842	0.5261
2011	0.4722	0.1997	0.3719	0.5122
2012	0.4870	0.2036	0.3764	0.5308
2013	0.4913	0.2042	0.3768	0.5370
2014	0.5023	0.2105	0.3863	0.5513
2015	0.4972	0.2145	0.3959	0.5465

资料来源：笔者基于 MATLAB R2015a 软件计算整理而得。

表 5.2　基于分年度莫兰指数比的四种时间权重矩阵

项目		2010 年	2011 年	2012 年	2013 年	2014 年	2015 年
基于 W1 的时间权重矩阵	2010 年	1.0000	0	0	0	0	0
	2011 年	0.4941	0.5059	0	0	0	0
	2012 年	0.3315	0.3394	0.3291	0	0	0
	2013 年	0.25	0.2559	0.2481	0.246	0	0
	2014 年	0.2015	0.2063	0.2	0.1983	0.1939	0
	2015 年	0.1685	0.1725	0.1673	0.1658	0.1622	0.1638
基于 W2 的时间权重矩阵	2010 年	1	0	0	0	0	0
	2011 年	0.4907	0.5093	0	0	0	0
	2012 年	0.3272	0.3397	0.3331	0	0	0
	2013 年	0.2456	0.255	0.2501	0.2493	0	0
	2014 年	0.1978	0.2053	0.2014	0.2008	0.1948	0
	2015 年	0.166	0.1724	0.1691	0.1686	0.1635	0.1605
基于 W3 的时间权重矩阵	2010 年	1	0	0	0	0	0
	2011 年	0.4919	0.5081	0	0	0	0
	2012 年	0.3275	0.3383	0.3342	0	0	0
	2013 年	0.2455	0.2536	0.2506	0.2503	0	0
	2014 年	0.1973	0.2038	0.2014	0.2012	0.1962	0
	2015 年	0.1656	0.1711	0.169	0.1689	0.1647	0.1607

续表

项目		2010年	2011年	2012年	2013年	2014年	2015年
基于W4的时间权重矩阵	2010年	1	0	0	0	0	0
	2011年	0.4919	0.5081	0	0	0	0
	2012年	0.3275	0.3383	0.3342	0	0	0
	2013年	0.2455	0.2536	0.2506	0.2503	0	0
	2014年	0.1973	0.2038	0.2014	0.2012	0.1962	0
	2015年	0.1656	0.1711	0.169	0.1689	0.1647	0.1607

资料来源：笔者基于MATLAB R2015a软件计算整理而得。

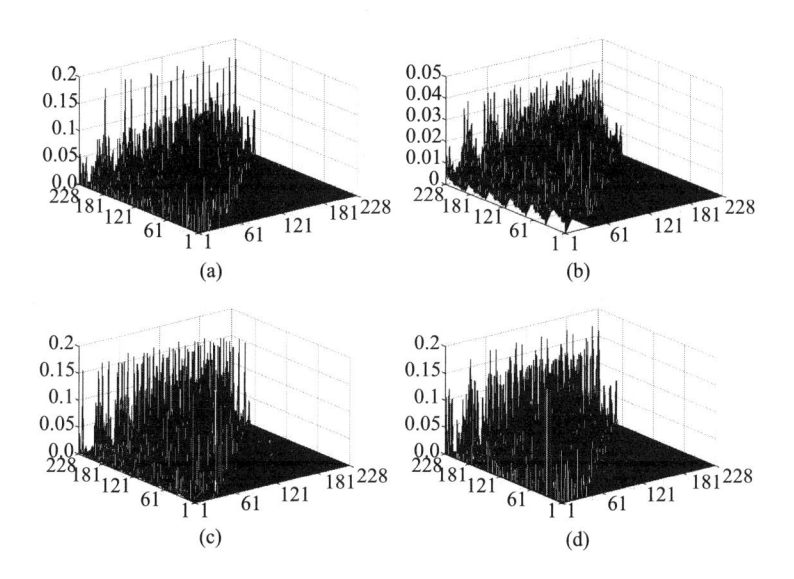

图5.3 包含可变时间效应的四种内生时空权重矩阵

注：a是基于W1计算的年度莫兰指数比值的时空权重矩阵；b是基于W2计算的年度莫兰指数比值的时空权重矩阵；c是基于W3计算的年度莫兰指数比值的时空权重矩阵；d是基于W4计算的年度莫兰指数比值的时空权重矩阵。

资料来源：笔者基于MATLAB R2015a软件绘制而得。

5.4 重庆两江新区辐射带动力影响因素分解结果

基于式（5.1）、式（5.2）和式（5.3），在四种内生的时空权重矩阵条件下，可以依据极大似然法和 Matlab R2015a 软件，估算重庆两江新区辐射带动力影响因素分解模型的参数，结果如表5.3～表5.5所示。表5.3～表5.5分别给出了空间自回归模型（SAR）、空间杜宾模型（SDM）和空间误差模型（SFM）设定下基于四种不同内生时空权重矩阵设定而产生的参数估计结果。究竟哪一种模型或者哪一种内生时空权重矩阵更适合用来评价重庆两江新区辐射带动力的影响因素？这需要加以详细分析。

表5.3 重庆两江新区辐射带动力影响因素分解空间自回归模型（SAR）参数估计结果

变量及统计性质	TW1	TW2	TW3	TW4
Cons.	0.2263 (2.42)**	0.3055 (3.22)**	0.2850 (3.08)**	0.2517 (2.67)**
X_1	0.1671 (1.85)*	0.1012 (1.07)	0.1134 (1.24)	0.1565 (1.71)*
X_2	0.6515 (9.61)**	0.6816 (9.98)**	0.7057 (10.49)**	0.6738 (9.86)**
X_3	1.0700 (20.94)**	0.9962 (20.35)**	0.9540 (19.49)**	1.0467 (20.47)**
X_4	−0.0566 (−3.79)**	−0.0663 (−4.25)**	−0.0677 (−4.46)**	−0.0595 (−3.91)**
X_5	0.8686 (2.48)**	1.1029 (3.11)**	1.0515 (3.02)**	0.9459 (2.67)**
X_6	−0.6252 (−14.63)**	−0.5894 (−14.13)**	−0.5839 (−14.38)**	−0.6143 (−14.13)**
X_7	−0.5704 (−8.83)**	−0.6126 (−8.64)**	−0.6121 (−9.14)**	−0.5739 (−8.63)**
X_8	0.2267 (2.15)**	0.3098 (2.55)**	0.3208 (2.85)**	0.2166 (2.00)**
空间相关系数	−0.0707 (−4.17)**	−0.1036 (−3.17)**	−0.0658 (−4.21)**	−0.0496 (−3.19)**
对数似然值	303.79	300.55	304.48	300.71
拟合优度	0.9915	0.9912	0.9915	0.9912

注：***代表通过显著性水平为1%的变量显著性检验；**代表通过显著性水平为5%的变量显著性检验；*代表通过显著性水平为10%的变量显著性检验。

资料来源：笔者基于MATLAB R2015a软件中的参数估计结果计算整理而得。

表 5.4　重庆两江新区辐射带动力影响因素分解空间杜宾模型（SDM）参数估计结果

变量及统计性质	TW1	TW2	TW3	TW4
Cons.	1.1260 (2.09)**	4.0277 (3.23)**	0.9059 (1.34)*	0.4555 (0.92)
X_1	0.0602 (0.53)	-0.0694 (-0.67)	-0.0116 (-0.09)	0.0768 (0.68)
X_2	0.4521 (5.38)**	0.7520 (8.43)**	0.4452 (4.89)**	0.4646 (5.60)**
X_3	0.9803 (14.75)**	0.3894 (2.85)**	0.3489 (2.89)**	0.9435 (16.71)**
X_4	-0.0043 (-0.23)	-0.0317 (-1.87)**	-0.0078 (-0.47)	-0.0151 (-0.86)
X_5	1.0016 (2.71)**	1.4535 (3.94)**	0.9818 (2.56)**	1.1127 (3.12)**
X_6	-0.5206 (-10.17)**	-0.2584 (-4.33)**	-0.2167 (-3.83)**	-0.5505 (-10.72)**
X_7	-0.5660 (-5.96)**	-0.5471 (-7.16)**	-0.4783 (-5.27)**	-0.5996 (-6.58)**
X_8	0.4376 (2.93)**	0.5595 (3.24)**	0.7567 (3.35)**	0.4903 (3.50)**
$TW \times X_1$	-1.3968 (-2.85)**	-3.1211 (-2.70)**	-1.0090 (-1.95)**	-0.6943 (-1.76)**
$TW \times X_2$	-0.2820 (-0.86)	1.3296 (2.08)**	0.5334 (1.70)**	-0.6148 (-2.27)**
$TW \times X_3$	-0.3121 (-0.57)	-2.6092 (-2.50)**	-1.5416 (-3.18)**	-0.0485 (-0.09)
$TW \times X_4$	0.0992 (0.99)	0.1015 (0.45)	-0.2549 (-1.64)**	0.1684 (2.16)**
$TW \times X_5$	3.2069 (1.66)*	13.6848 (3.04)**	2.4348 (1.03)	0.5031 (0.28)
$TW \times X_6$	0.1952 (0.72)	0.7891 (1.44)*	0.9225 (3.26)**	-0.1736 (-0.77)
$TW \times X_7$	-0.1138 (-0.42)	-0.2920 (-0.68)	-0.6311 (-2.47)**	-0.3272 (-1.27)*
$TW \times X_8$	1.9402 (3.30)**	2.6503 (2.95)**	1.9478 (4.41)**	2.2190 (3.36)**
空间相关系数	-0.6187 (-3.12)**	-0.8768 (-7.73)**	-0.3684 (-1.74)**	-0.6168 (-3.41)**
对数似然值	333.56	353.94	354.23	331.91
拟合优度	0.9934	0.9938	0.9944	0.9932

注：*** 代表通过显著性水平为1%的变量显著性检验；** 代表通过显著性水平为5%的变量显著性检验；* 代表通过显著性水平为10%的变量显著性检验；ᵹ表示异常值。

资料来源：笔者基于MATLAB R2015a软件的参数估计结果计算整理而得。

表 5.5　重庆两江新区辐射带动力影响因素分解空间误差模型（SEM）参数估计结果

变量及统计性质	TW1	TW2	TW3	TW4
Cons.	0.2595 (2.75)**	0.2916 (3.16)**	0.3440 (3.78)**	0.2479 (2.65)**
X_1	0.1494 (1.59)	0.1162 (1.26)	0.0593 (0.61)	0.1430 (1.53)
X_2	0.6352 (9.53)**	0.6884 (10.45)**	0.6556 (10.51)**	0.5965 (9.22)**
X_3	0.9696 (19.16)**	0.9080 (16.44)**	0.6552 (10.84)**	0.9617 (19.43)**
X_4	−0.0441 (−2.92)**	−0.0474 (−3.17)**	−0.0380 (−2.55)**	−0.0373 (−2.51)**
X_5	0.9701 (2.73)**	1.0881 (3.14)**	1.2745 (3.72)**	0.9160 (2.61)**
X_6	−0.5662 (−13.57)**	−0.5419 (−12.90)**	−0.4692 (−10.31)**	−0.5674 (−13.96)**
X_7	−0.5086 (−8.89)**	−0.4748 (−8.91)**	−0.4963 (−10.54)**	−0.4962 (−8.99)**
X_8	0.1866 (1.92)*	0.1625 (1.72)*	0.4192 (4.64)**	0.2331 (2.45)**
空间相关系数	−0.5150 (−3.27)**	−0.9900 (−1.89)*	−0.9080 (−21.46)**	−0.5900 (−4.35)**
对数似然值	297.91	304.01	306.06	299.94
拟合优度	0.9912	0.9916	0.9921	0.9914

注：***代表通过显著性水平为1%的变量显著性检验；**代表通过显著性水平为5%的变量显著性检验；*代表通过显著性水平为10%的变量显著性检验。

资料来源：笔者基于MATLAB R2015a软件的计算结果计算整理而得。

目前关于空间计量模型的遴选方法有很多准则，主要包括基于拟合优度或赤池（AIC）准则的模型遴选准则，以及基于似然比（LR）检验、沃尔德（Wald）检验、拉格朗日乘数（LM）检验等假设检验原理的模型遴选准则等。本章对最适宜模型的遴选，主要采取了如下原则：第一，模型的拟合优度高原则。模型的拟合优度越高，说明该模型对样本数据的拟合程度越好，则越有可能是最适宜模型。第二，模型参数显著原则。要对重庆两江新区辐射带动力的影响因素进行合理分解，必须建立在模型参数估计结果显著的基础上。一旦某一解释变量或者某些解释变量参数不显著，按照计量经济学的建模步骤，相应的解释变量需删除后重新进行估计。第三，模型估计的对数似然值高原则。按照极大似然估计的基本原理，对数似然值代表给定参数后变量出现的联合概率。对数似然值越高，则越可能是最适宜模型。第四，同一模型中基于不同的内生时空权重矩阵的参数估计结果一致性原则。在空间计量模型建模中，权重矩阵的设定往往会影响参数估计的结果。尽管我们无法控制这种主观设定对参数估计结果的可能影响，至少可以要求在各种不同的时空权重矩阵设定条件下，模型参数估计结果的系数正负、取值范围及显著性大体保持一致。一旦不同时空权重矩阵设定导致采用某一类模型参数估计结果的变异性较大，则该类模型越可能不是最优模型。

基于上述四个原则，很容易确定空间误差模型（SEM）更适宜于评价重庆两江新区辐射带动力的影响因素。毕竟在空间误差模型中，所有参数估计结果较好地满足了一致性原则，且能较好地满足其他三个原则。对于空间自回归模型而言，四种内生时空权重矩阵设定下解释变量 X_1 的参数估计结果不满足一致性原则。同时，对于空间杜宾模型而言，四种内生时空权重矩阵设定下，X_4、$TW \times X_2$、$TW \times X_3$、$TW \times X_4$、$TW \times X_5$、$TW \times X_6$、$TW \times X_7$ 等解释变量的参数估计结果也不满足一致性原则。

当然，在空间误差模型下，仍然会产生基于四种不同内生时空权重矩阵的估计结果。究竟哪一种更好？本章拟基于模型遴选的四个原则，结合辐射带动力作用周期变动下采用四种不同内生时空权重矩阵得到的估计结果进行考察。由于本章界定的辐射带动力作用时间周期为 2010～2015 年，则可以基于 2010～2011 年、2010～2012 年、2010～2013 年、2010～2014 年和 2010～2015 年五个作用时间周期和四种初始的空间权重矩阵，产生 20 个不同的内生时空权重矩阵。在此基础上，结合相应年份的被解释变量数据和解释变量数据，可以得到 20 种模型估计结果。将这 20 种模型估计结果依据相同的初始空间权重矩阵进行重新排列，如表 5.6 所示。值得注意的是，从表 5.5 的分析中，我们已能确定解释变量 X_1 不会对被解释变量产生显著影响，则在这 20 种模型估计时删除了解释变量 X_1。

表5.6 时间周期变化下重庆两江新区辐射带动力影响因素分解

时空权重矩阵	年份	Cons.	X_2	X_3	X_4	X_5	X_6	X_7	X_8	空间相关系数	对数似然值	拟合优度
TW1	2010~2011	0.9575 (3.67)**	-0.3450 (-2.18)**	1.4589 (8.92)**	-0.1898 (-1.20)	3.8774 (3.47)**	-0.8828 (-6.11)**	-0.1038 (-0.39)	0.2005 (0.57)	-0.7640 (-4.44)**	133.00	0.9926
	2010~2012	0.9569 (9.43)**	-0.2646 (-3.28)**	1.2258 (17.44)**	0.1177 (3.02)**	3.7161 (9.33)**	-0.7611 (-15.39)**	0.1112 (1.04)	-0.0827 (-0.57)	-0.9900 (-7.86)**	199.64	0.9944
	2010~2013	0.3582 (5.63)**	0.2466 (3.34)**	0.9960 (14.05)**	0.0215 (0.63)	1.3471 (5.56)**	-0.5067 (-13.68)**	-0.3814 (-5.90)**	0.4556 (4.48)**	-0.9900 (-8.39)**	217.38	0.9909
	2010~2014	0.3073 (4.64)**	0.4849 (7.51)**	0.9524 (16.17)**	0.0403 (1.53)	1.1279 (4.52)**	-0.5185 (-16.01)**	-0.4105 (-6.98)**	0.2826 (2.80)**	-0.7450 (-5.15)**	255.40	0.9906
	2010~2015	0.3592 (5.13)**	0.6813 (11.77)**	0.9679 (18.99)**	-0.0427 (-2.82)**	1.3439 (5.11)**	-0.5183 (-17.97)**	-0.4792 (-8.89)**	0.1653 (1.74)*	-0.5600 (-3.62)**	296.65	0.9912
TW2	2010~2011	0.9448 (3.54)**	-0.2913 (-1.65)*	1.4244 (7.98)**	-0.2296 (-1.42)	3.8554 (3.36)**	-0.8579 (-5.91)**	-0.1009 (-0.35)	0.1725 (0.45)	-0.9900 (-1.54)	134.60	0.9924
	2010~2012	0.9561 (9.09)**	-0.1687 (-1.86)*	1.2641 (15.19)**	0.0878 (2.09)**	3.7182 (9.01)**	-0.7331 (-14.72)**	0.1001 (0.85)	-0.1766 (-1.09)	-0.9900 (-1.68)*	199.90	0.9939
	2010~2013	0.3738 (5.69)**	0.4013 (5.16)**	0.9027 (12.14)**	-0.0148 (-0.42)	1.4097 (5.64)**	-0.4923 (-12.98)**	-0.4118 (-5.97)**	0.3738 (3.36)**	-0.9900 (-1.77)*	220.00	0.9906
	2010~2014	0.3337 (5.17)**	0.5727 (8.75)**	0.8931 (13.92)**	0.0237 (0.89)	1.2314 (5.07)**	-0.5008 (-15.43)**	-0.3985 (-6.76)**	0.2268 (2.19)**	-0.9900 (-1.84)*	260.73	0.9909
	2010~2015	0.3730 (5.66)**	0.7281 (12.53)**	0.9032 (16.34)**	-0.0467 (-3.11)**	1.3942 (5.63)**	-0.5029 (-17.59)**	-0.4538 (-8.94)**	0.1440 (1.53)	-0.9900 (-1.89)*	303.21	0.9916

第5章 国家级新区辐射带动力的影响因素分解

续表

时空权重矩阵	年份	Cons.	X_2	X_3	X_4	X_5	X_6	X_7	X_8	空间相关系数	对数似然值	拟合优度
TW3	2010~2011	1.0935 (4.67)**	-0.3551 (-2.70)**	1.0046 (5.45)**	-0.1547 (-1.03)	4.4829 (4.42)**	-0.7680 (-5.43)**	0.1601 (0.70)	0.1184 (0.37)	-0.9900 (-39.92)**	143.31	0.9950
	2010~2012	0.9174 (10.47)**	-0.1796 (-2.49)**	0.8667 (10.62)**	0.1101 (3.22)**	3.5713 (10.39)**	-0.6213 (-13.18)**	0.0702 (0.76)	0.1526 (1.13)	-0.9900 (-45.62)**	213.96	0.9958
	2010~2013	0.3730 (6.57)**	0.2614 (3.54)**	0.4925 (6.48)**	0.0356 (1.11)	1.4076 (6.52)**	-0.3735 (-9.90)**	-0.3865 (-6.92)**	0.7366 (7.79)**	-0.9900 (-50.45)**	231.65	0.9927
	2010~2014	0.3370 (5.77)**	0.4689 (7.19)**	0.5491 (8.07)**	0.0485 (1.92)*	1.2378 (5.64)**	-0.4084 (-12.26)**	-0.4140 (-8.57)**	0.5741 (6.13)**	-0.9810 (-46.80)**	269.08	0.9923
	2010~2015	0.3836 (6.12)**	0.6643 (11.22)**	0.6456 (10.69)**	-0.0361 (-2.44)**	1.4235 (6.05)**	-0.4458 (-14.99)**	-0.4857 (-11.04)**	0.4246 (4.70)**	-0.9210 (-24.11)**	305.86	0.9922
TW4	2010~2011	0.9068 (3.46)**	-0.3211 (-2.04)**	1.4545 (8.87)**	-0.1901 (-1.20)	3.6547 (3.26)**	-0.8664 (-6.02)**	-0.1577 (-0.59)	0.2706 (0.76)	-0.6440 (-3.96)**	133.41	0.9925
	2010~2012	0.9335 (9.01)**	-0.2644 (-3.31)**	1.2585 (17.43)**	0.1141 (2.91)**	3.6114 (8.89)**	-0.7641 (-15.47)**	0.0960 (0.88)	-0.0046 (-0.29)	-0.8910 (-7.83)**	199.41	0.9942
	2010~2013	0.3489 (5.56)**	0.1993 (2.80)**	0.9372 (14.56)**	0.0306 (0.92)	1.2983 (5.44)**	-0.5168 (-14.73)**	-0.3674 (-5.821)**	0.5002 (4.87)**	-0.9660 (-10.46)**	219.17	0.9911
	2010~2014	0.2929 (4.50)**	0.4435 (7.02)**	0.9536 (16.67)**	0.0485 (1.87)*	1.0612 (4.33)**	-0.5236 (-16.93)**	-0.3981 (-6.89)**	0.3220 (3.20)**	-0.7410 (-5.99)**	257.48	0.9908
	2010~2015	0.3444 (5.04)**	0.6372 (11.22)**	0.9607 (19.31)**	-0.0362 (-2.43)**	1.2773 (4.98)**	-0.5220 (-18.88)**	-0.4688 (-9.00)**	0.2166 (2.31)**	-0.6230 (-4.70)**	298.77	0.9914

注：***代表通过显著性水平为1%的变量显著性检验；**代表通过显著性水平为5%的变量显著性检验；*代表通过显著性水平为10%的变量显著性检验。

资料来源：笔者基于MATLAB R2015a软件的计算结果计算整理而得。

对于表5.6的参数估计结果，结合模型遴选的四个原则，容易确定基于经纬度的第三种空间权重矩阵设计内生时空权重矩阵，更适宜于评价重庆两江新区辐射带动力的影响因素分解问题。其原因在如下两点：第一，在五个时间周期上，基于经纬度而产生的内生时空权重矩阵的模型拟合优度，高于基于其他内生时空权重矩阵而得到的模型拟合优度；第二，在五个时间周期上，基于经纬度而产生的内生时空权重矩阵的模型对数似然值，同样高于基于其他三种内生时空权重矩阵而得到的模型对数似然值。

鉴于此，本章将以基于经纬度而构造的内生时空权重矩阵为基础，以空间误差模型估计结果作为重庆两江新区辐射带动力的影响因素分解依据。应该指出的是，在空间误差模型条件下，参数估计结果无须再分解为总效应、直接效应和间接效应。这很容易得到重庆两江新区辐射带动力的影响因素分解结论：重庆两江新区辐射带动力主要受到全社会固定资产投资总额（0.6643）、社会消费品零售总额（0.6456）、实际利用内资（1.4235）、城镇居民可支配收入（0.4246）等因素的正向影响；并受到进出口总额（−0.0361）、金融机构人民币贷款余额（−0.4458）、城镇化率（−0.4857）等因素的负向影响。

5.5　本章小结

本章在简要概述空间计量分析技术的基础上，以重庆两江新区辐射带动力的影响因素分解为例，在设定空间自回归模型、空间杜宾模型、空间误差模型三种经典模型的基础上，结合基于Queen空间邻接关系、地区间距离的倒数、经纬度及目的地经济规模四种理念构建的内生时空权重矩阵，在考虑公共财政预算收入、全社会固定资产投资总额、社会消费品零售总额、进出口总额、实际利用内资、金融机构人民币贷款余额、城镇化率、城镇居民可支配收入八种可能影响因素的基础上，考察了国家级新区辐射带动力的影响因素分解问题。主要结论概括如下：

（1）空间计量分析技术是目前流行的一种主流的经济学分析技术，建模要点主要包括模型的设计与优选、时空权重矩阵的设计与优选、参数估计方法选择及假设检验、参数的边际效应分解等。

（2）基于拟合优度高、参数显著、对数似然值高、参数估计结果一致性等四种模型优选原则，以经纬度为基础设计理念的内生时空权重矩阵的空间误差模型，更适宜用作重庆两江新区辐射带动力的影响因素分解模型。

（3）重庆两江新区辐射带动力受到全社会固定资产投资总额、社会消费品零售总额、实际利用内资、城镇居民可支配收入四个因素的正向影响，受到进出口总额、金融机构人民币贷款余额、城镇化率三个因素的负向影响；公共财政预算收入因素对重庆两江新区辐射带动力并不产生显著影响。

第 6 章

国家级新区对属地省市经济增长的影响效应评估

评估国家级新区在属地省市经济增长中是否产生了重要作用以及产生了多大作用,将对涉及国家级新区发展规模控制和结构调整等战略性政策制定与实施具有十分重要的作用。双重差分模型在评估特定事件(如国家级新区批设)导致的经济增长效应中独具特色和功效,然而,省域视角下的经济增长通常具有空间溢出效应,现有的双重差分模型建模理论与应用过程通常未能考虑空间溢出效应这一重要因素,从而使分析结论缺乏科学性。

同时,在与经济增长相关的空间计量建模实践中,主要立足于被解释变量、解释变量或随机误差项空间溢出效应的不同形式,结合不同的生产函数形式进行具体模型的设计(如空间 X 滞后模型、空间自回归模型、空间杜宾模型、空间误差模型等)。在 C-D 生产函数、超越对数生产函数形式下,可以比较容易地在传统的双重差分模型中加入被解释变量、解释变量及随机误差项的空间溢出效应项,从而能够比较容易地构建起双重差分 C-D 空间计量模型和双重差分超越对数空间计量模型。然而,CES 生产函数在经济增长的相关研究中也十分重要,但其函数形式决定了不能直接加入被解释变量、解释变量或者随机误差项的空间溢出效应项,由此,建立基于 CES 生产函数形式下的双重差分 CES 空间计量模型的一般框架和分析范式,将对理论的演进和应用延伸具有

第6章 国家级新区对属地省市经济增长的影响效应评估

十分重要的意义。

本章拟在构建双重差分CES空间计量模型理论和一般分析范式的基础上,结合其与双重差分C-D空间计量模型、双重差分超越对数空间计量模型估计结果的比较,遴选出最优模型来评估国家级新区批设对属地省市经济增长的总体影响效应。同时,基于上述优选模型,结合模型中虚拟变量的设计与分解,阐释单个国家级新区对各自属地省市经济增长的个体影响效应。本章的完成,将有效地解决在传统双重差分计量模型中如何加入空间溢出效应项并建立空间计量模型的关键问题,将之应用到国家级新区对属地省市经济增长影响效应评估的案例中,从而具有较高的理论价值和应用价值。

6.1 双重差分CES空间计量模型的设计

6.1.1 双重差分多要素一级CES生产函数及其线性转化

基于CES生产函数（Feldstein,1967；Frohn,1972）,结合双重差分模型理念,设计双重差分多要素一级CES生产函数,见式（6.1）。在式（6.1）中,Y表示经济增长水平,A、K、L、E分别表示技术、资本、劳动力和能源等。D为组织创新虚拟变量,该虚拟变量由组别虚拟变量D_1和事件虚拟变量D_2组成。各虚拟变量的取值分别如下:当数据组别为处理组时,$D_1=1$；当数据组别为对照组时,$D_1=0$。当数据在事件发生之后时,$D_2=1$；当数据在事件发生之前时,$D_2=0$。[①] 组织创新虚拟变量的取值为,$D=(D_1-\bar{D}_1)(D_2-\bar{D}_2)$,其中,$\bar{D}_1$、$\bar{D}_2$分别为数据组$D_1$、$D_2$的平均值。$\delta_1$、$\delta_2$、$\delta_3$、$\upsilon$、$\tau$、$\beta_1$为外生参数,其中$\tau$

---

① Bertrand M. et al. How much should we trust differences-in-differences estimates？[J]. Quarterly Journal of Economics, 2001, 119(1): 249-275.

为替代参数，υ 为规模报酬参数，δ_1、δ_2、δ_3 为分配系数，$\delta_1 + \delta_2 + \delta_3 = 1$，$0 < \delta_1 < 1$，$0 < \delta_2 < 1$，$0 < \delta_3 < 1$，$\beta_1$ 为虚拟变量参数。$\exp(\cdot)$ 为以自然数为底的指数函数。

$$Y = A(\delta_1 K^{-\tau} + \delta_2 L^{-\tau} + \delta_3 E^{-\tau})^{-\frac{\upsilon}{\tau}} \exp(\beta_1 D) \quad (6.1)$$

对式（6.1）两边同时取对数，可以得到双重差分多要素一级 CES 生产函数的初步简化，见式（6.2）。在式（6.2）中，$\ln(\cdot)$ 为自然对数。

$$\ln(Y) = \ln(A) - \frac{\upsilon}{\tau} \ln(\delta_1 K^{-\tau} + \delta_2 L^{-\tau} + \delta_3 E^{-\tau}) + \beta_1 D \quad (6.2)$$

在式（6.2）中，除了 $\ln(\delta_1 K^{-\tau} + \delta_2 L^{-\tau} + \delta_3 E^{-\tau})$ 外，其余变量均能通过换元法得到线性转化。令 $f = \ln(\delta_1 K^{-\tau} + \delta_2 L^{-\tau} + \delta_3 E^{-\tau})$，将 f 在 $\tau = 0$ 处进行泰勒级数展开，并取其 0 阶、1 阶、2 阶，可以实现 f 的线性转化，见式（6.3）。

$$f \approx f(\tau = 0) + f'(\tau = 0) \times \tau + f''(\tau = 0) \times \frac{\tau^2}{2} \quad (6.3)$$

在式（6.3）中，$f(\tau = 0)$、$f'(\tau = 0)$、$f''(\tau = 0)$ 分别表示 $\tau = 0$ 条件下 f 及其 1 阶导数、2 阶导数的取值，其取值见式（6.4）。

$$f(\tau = 0) = 0$$
$$f'(\tau = 0) = -\delta_1 \ln(K) - \delta_2 \ln(L) - \delta_3 \ln(E)$$
$$f''(\tau = 0) = \delta_1 \delta_2 [\ln(K/L)]^2 + \delta_1 \delta_3 [\ln(K/E)]^2 + \delta_2 \delta_3 [\ln(L/E)]^2$$

$$(6.4)$$

将式（6.4）、式（6.3）代入式（6.2），可以得到双重差分多要素一级 CES 生产函数的线性转化式。令 $\alpha_0 = \ln(A)$，$\alpha_1 = \delta_1 \upsilon$，$\alpha_2 = \delta_2 \upsilon$，$\alpha_3 = \delta_3 \upsilon$，$\alpha_4 = -\delta_1 \delta_2 \tau \upsilon / 2$，$\alpha_5 = -\delta_1 \delta_3 \tau \upsilon / 2$，以及 $\alpha_6 = -\delta_2 \delta_3 \tau \upsilon / 2$，则线性转化式见式（6.5）。

$$\ln(Y) = \alpha_0 + \alpha_1 \ln(K) + \alpha_2 \ln(L) + \alpha_3 \ln(E) + \alpha_4 [\ln(K/L)]^2$$
$$+ \alpha_5 [\ln(K/E)]^2 + \alpha_6 [\ln(L/E)]^2 + \beta_1 D \quad (6.5)$$

6.1.2 基于双重差分多要素一级 CES 生产函数线性转化式的空间计量模型设计

在式（6.5）中，令 $y = \ln(Y)$，$X_1 = \ln(K)$，$X_2 = \ln(L)$，$X_3 = \ln(E)$，$Z_1 = [\ln(K/L)]^2$，$Z_2 = [\ln(K/E)]^2$，以及 $Z_3 = [\ln(L/E)]^2$，并定义 $\Upsilon = \alpha_0$，$X = [X_1 \ X_2 \ X_3 \ Z_1 \ Z_2 \ Z_3]$，且 $\Lambda = [\alpha_1 \ \alpha_2 \ \alpha_3 \ \alpha_4 \ \alpha_5 \ \alpha_6]'$，可以将式（6.5）整理为式（6.6）。

$$y = \Upsilon + X\Lambda + D\beta_1 \tag{6.6}$$

基于式（6.6），结合主要的空间计量经济学模型形式，可以定义四种双重差分 CES 空间计量模型，分别见式（6.7）、式（6.8）、式（6.9）、式（6.10）。①

$$y = \Upsilon_1 + X\Lambda_1 + D\beta_{1,1} + WX\Gamma + WD\gamma_7 + \mu_1 \tag{6.7}$$

$$y = \Upsilon_2 + \rho_{sar}Wy + X\Lambda_2 + D\beta_{2,1} + \mu_2 \tag{6.8}$$

$$y = \Upsilon_3 + \rho_{sdm}Wy + X\Lambda_3 + D\beta_{3,1} + WX\Theta + WD\theta_7 + \mu_3 \tag{6.9}$$

$$y = \Upsilon_4 + X\Lambda_4 + D\beta_{4,1} + \mu_4, \mu_4 = \rho_{sem}W\mu_4 + \nu \tag{6.10}$$

式（6.7）为双重差分 CES 空间 X 滞后模型，式（6.8）为双重差分 CES 空间自回归模型，式（6.9）为双重差分 CES 空间杜宾模型，式（6.10）为双重差分 CES 空间误差模型。其中，Υ_1、Υ_2、Υ_3、Υ_4 为常数项的外生参数，ρ_{sar}、ρ_{sdm}、ρ_{sem} 分别为式（6.8）、式（6.9）、式（6.10）中的空间相关系数，Λ_1、Λ_2、Λ_3、Λ_4 为四个模型解释变量的外生参数矩阵，分别包含六个外生参数。Γ、Θ 分别为式（6.7）、式（6.9）中邻近地区解释变量溢出效应项的外生参数矩阵，也分别由六个外生参数组成；$\beta_{1,1}$、$\beta_{2,1}$、$\beta_{3,1}$、$\beta_{4,1}$、γ_7、θ_7 分别为组织创新虚拟变量及邻近地区组织创新虚拟变量溢出效应项的外生参数。μ_1、μ_2、

---

① Lesage J., Pace R. K. Introduction to spatial econometrics [M]. New York: CRC Press Taylor and Francis Group, 2009: 279-293.

μ_3、μ_4、ν 为随机扰动项，μ_1、μ_2、μ_3、ν 服从零均值、同方差的正态分布，随机扰动项 μ_4 的分布形式由式（6.10）决定。在式（6.7）~式（6.10）中，W 为空间权重矩阵，当模型采用截面数据时，W 一般设定为基于空间近邻关系、距离、经济社会规模等因素的空间权重矩阵；而当模型采用面板数据时，W 一般设定为空间权重矩阵和时间权重矩阵经过克罗内克积组合形成的时空权重矩阵。

6.1.3 双重差分 CES 空间计量模型中特定事件发生时的产出效应

对式（6.7）~式（6.10）进行极大似然估计，可以得到所有参数的估计值，以上方添加 ^ 表示相应参数的估计值。由此，可以基于组织创新虚拟变量的拆解，评估特定事件发生时对产出的影响效应。

在式（6.7）中，定义 $E_{1,0} = \hat{\gamma}_1 + X\hat{\Lambda}_1 + \bar{D}_1\bar{D}_2(I_{NT}\hat{\beta}_{1,1} + W\hat{\gamma}_7) + WX\hat{\Gamma} + \hat{\mu}_1$，则对照组在事件发生之前的产出为 $E_{1,0}$，在事件发生之后的产出为 $E_{1,0} - \bar{D}_1(I_{NT}\hat{\beta}_{1,1} + W\hat{\gamma}_7)$，其中，W 为空间权重矩阵或时空权重矩阵，$I_{NT}$ 为与 W 阶数相同的单位矩阵。于是，事件发生对于对照组的产出影响为 $-\bar{D}_1(I_{NT}\hat{\beta}_{1,1} + W\hat{\gamma}_7)$。同时，处理组在事件发生之前的产出为 $E_{1,0} - \bar{D}_2(I_{NT}\hat{\beta}_{1,1} + W\hat{\gamma}_7)$，在事件发生之后的产出为 $E_{1,0} - (\bar{D}_1 + \bar{D}_2 - 1)(I_{NT}\hat{\beta}_{1,1} + W\hat{\gamma}_7)$。事件发生对处理组的产出影响效应为 $(1 - \bar{D}_1)(I_{NT}\hat{\beta}_{1,1} + W\hat{\gamma}_7)$。由此，事件发生对产出影响的总效应为 $I_{NT}\hat{\beta}_{1,1} + W\hat{\gamma}_7$。类似地，可以分别确定式（6.8）、式（6.9）、式（6.10）中事件发生对产出影响的总效应，分别为 $E_{2,1}\hat{\beta}_{2,1}$、$E_{3,1}(I_{NT}\hat{\beta}_{3,1} + W\hat{\theta}_7)$ 和 $\hat{\beta}_{4,1}$，其中，$E_{2,1} = (I_{NT} - \hat{\rho}_{sar}W)^{-1}$，$E_{3,1} = (I_{NT} - \hat{\rho}_{sdm}W)^{-1}$。

总的来说，在双重差分 CES 空间 X 滞后模型、双重差分 CES 空间自回归模型以及双重差分 CES 空间杜宾模型中，特定事件发生时对产出影响的总效应分别为 $I_{NT}\hat{\beta}_{1,1} + W\hat{\gamma}_7$、$E_{2,1}\hat{\beta}_{2,1}$，以及 $E_{3,1}(I_{NT}\hat{\beta}_{3,1} + W\hat{\theta}_7)$。由于在给定截面和时间周期条件下，$I_{NT}$、W 均为 $NT \times NT$ 阶的矩阵，

那么在三个模型中事件发生的产出总效应将是一个变化的数据。本章依据平均值概念以及空间计量模型参数效应的确定方法，确定事件发生对产出影响的总效应表达式为 $1/NT\iota'_{NT}EF(\cdot)\iota_{NT}$，其中，$\iota_{NT}$ 为 $NT\times1$ 阶元素全为 1 的矩阵，L'_{NT} 为 L_{NT} 的转置矩阵，$EF(\cdot)$ 为上述三个模型中事件发生的产出总效应表达式。同时，还可以确定事件发生对产出影响的直接效应和间接效应，直接效应的表达式为 $1/NTtr[EF(\cdot)]$，其中，$tr(\cdot)$ 为括号内矩阵的主对角线元素之和，间接效应可以通过总效应减去直接效应获得。同时，在双重差分 CES 空间误差模型中，特定事件的发生对产出影响的总效应将由 $\hat{\beta}_{4,1}$ 来体现，这是一个确定的外生参数。

6.2 基于双重差分 CES 空间计量模型的国家级新区经济增长效应评估

6.2.1 国家级新区对属地省市经济增长效应评估的实证模型设定

依据式（6.7）~式（6.10），建立国家级新区对属地省市经济增长效应评估的实证分析模型，如式（6.11）~式（6.14）所示。其中，Y'_{it} 指，1990~2015 年中国的 31 个省（区、市）GDP 数据的堆积序列，$i=1, 2, \cdots, N$ 代表 31 个省（区、市），$N=31$；$t=1, 2, \cdots, T$ 代表 1990~2015 年，$T=26$。K'_{it}、L'_{it}、E'_{it} 分别代表 1990~2015 年 31 个省（区、市）的资本存量、年末总人口和能源消费总量的堆积序列。$D'_{it}=(D'_{1,it}-\overline{D}'_{1,it})\times(D'_{2,it}-\overline{D}'_{2,it})$，为组织创新虚拟变量数据的堆积序列，其中，$D'_{1,it}$ 为 1990~2015 年 31 个省（区、市）的组别虚拟变量数据的堆积序列，$D'_{2,it}$ 为 1990~2015 年 31 个省（区、市）的国家级新区批设的事件虚拟变量数据的堆积序列，$\overline{D}'_{1,it}$、$\overline{D}'_{2,it}$ 分别为 $D'_{1,it}$、$D'_{2,it}$ 序列的均值。$\mu'_{1,it}$、$\mu'_{2,it}$、$\mu'_{3,it}$、$\mu'_{4,it}$、$\varepsilon'_{4,it}$ 为随机扰动项的堆积序列，$\mu'_{1,it}$、$\mu'_{2,it}$、

$\mu'_{3,it}$、$\varepsilon'_{4,it}$ 服从零均值、同方差的正态分布，$\mu'_{4,it}$ 的分布形式由式（6.14）决定。$\alpha_{\xi,0}$、$\alpha_{\xi,1}$、$\alpha_{\xi,2}$、$\alpha_{\xi,3}$、$\alpha_{\xi,4}$、$\alpha_{\xi,5}$、$\alpha_{\xi,6}$、$\beta_{\xi,1}$ 为外生参数，$\xi=1$，2，3，4；γ_η、θ_η 为外生参数，$\eta=1$，2，…，7。ρ_{sar}、ρ_{sdm}、$\rho_{4,sem}$ 为空间相关系数；$\otimes$ 为克罗内克积符号。W' 为依据 31 个省区市 Queen 空间邻接关系确定的空间权重矩阵，当两个省份具有 Queen 空间邻接关系时，元素取值为 1，当两个省份不具有 Queen 空间邻接关系时，元素取值为 0；W' 需要经过行随机标准化处理。ζ' 为依据 Y'_{it} 计算的不同年份的全局莫兰指数确定的内生时间权重矩阵，其主对角线元素全为 1，上三角元素全为 0，下三角元素为元素对应列年份的全局莫兰指数与元素对应行年份的全局莫兰指数的比值；ζ' 也需要进行行随机标准化处理。

$$\ln(Y'_{it}) = \alpha_{1,0} + \alpha_{1,1}\ln(K'_{it}) + \alpha_{1,2}\ln(L'_{it}) + \alpha_{1,3}\ln(E'_{it}) + \alpha_{1,4}[\ln(K'_{it}/L'_{it})]^2$$

$$+ \alpha_{1,5}[\ln(K'_{it}/E'_{it})]^2 + \alpha_{1,6}[\ln(L'_{it}/E'_{it})]^2 + \sum_{it=1}^{NT} \gamma_1 (\zeta'\otimes W')_{it,it}\ln(K'_{it})$$

$$+ \sum_{it=1}^{NT} \gamma_2 (\zeta'\otimes W')_{it,it}\ln(L'_{it}) + \sum_{it=1}^{NT} \gamma_3 (\zeta'\otimes W')_{it,it}\ln(E'_{it})$$

$$+ \sum_{it=1}^{NT} \gamma_4 (\zeta'\otimes W')_{it,it}[\ln(K'_{it}/L'_{it})]^2 + \sum_{it=1}^{NT} \gamma_5 (\zeta'\otimes W')_{it,it}[\ln(K'_{it}/E'_{it})]^2$$

$$+ \sum_{it=1}^{NT} \gamma_6 (\zeta'\otimes W')_{it,it}[\ln(L'_{it}/E'_{it})]^2 + \sum_{it=1}^{NT} \gamma_7 (\zeta'\otimes W')_{it,it}D'_{it}$$

$$+ \beta_{1,1}D'_{it} + \mu'_{1,it} \tag{6.11}$$

$$\ln(Y'_{it}) = \alpha_{2,0} + \sum_{it=1}^{NT} \rho_{sar}(\zeta'\otimes W')_{it,it}\ln(Y'_{it}) + \alpha_{2,1}\ln(K'_{it}) + \alpha_{2,2}\ln(L'_{it})$$

$$+ \alpha_{2,3}\ln(E'_{it}) + \alpha_{2,4}[\ln(K'_{it}/L'_{it})]^2 + \alpha_{2,5}[\ln(K'_{it}/E'_{it})]^2$$

$$+ \alpha_{2,6}[\ln(L'_{it}/E'_{it})]^2 + \beta_{2,1}D'_{it} + \mu'_{2,it} \tag{6.12}$$

$$\ln(Y'_{it}) = \alpha_{3,0} + \sum_{it=1}^{NT} \rho_{sdm}(\zeta'\otimes W')_{it,it}\ln(Y'_{it}) + \alpha_{3,1}\ln(K'_{it}) + \alpha_{3,2}\ln(L'_{it})$$

$$+ \alpha_{3,3}\ln(E'_{it}) + \alpha_{3,4}[\ln(K'_{it}/L'_{it})]^2 + \alpha_{3,5}[\ln(K'_{it}/E'_{it})]^2$$

$$+ \alpha_{3,6}[\ln(L'_{it}/E'_{it})]^2 + \sum_{it=1}^{NT} \theta_1 (\zeta'\otimes W')_{it,it}\ln(K'_{it})$$

$$+ \sum_{it=1}^{NT} \theta_2 (\zeta' \otimes W')_{it,it} \ln(L'_{it}) + \sum_{it=1}^{NT} \theta_3 (\zeta' \otimes W')_{it,it} \ln(E'_{it})$$

$$+ \sum_{it=1}^{NT} \theta_4 (\zeta' \otimes W')_{it,it} [\ln(K'_{it}/L'_{it})]^2 + \sum_{it=1}^{NT} \theta_5 (\zeta' \otimes W')_{it,it} [\ln(K'_{it}/E'_{it})]^2$$

$$+ \sum_{it=1}^{NT} \theta_6 (\zeta' \otimes W')_{it,it} [\ln(L'_{it}/E'_{it})]^2 + \sum_{it=1}^{NT} \theta_7 (\zeta' \otimes W')_{it,it} D'_{it}$$

$$+ \beta_{3,1} D'_{it} + \mu'_{3,it} \tag{6.13}$$

$$\ln(Y'_{it}) = \alpha_{4,0} + \alpha_{4,1} \ln(K'_{it}) + \alpha_{4,2} \ln(L'_{it}) + \alpha_{4,3} \ln(E'_{it}) + \alpha_{4,4} [\ln(K'_{it}/L'_{it})]^2$$

$$+ \alpha_{4,5} [\ln(K'_{it}/E'_{it})]^2 + \alpha_{4,6} [\ln(L'_{it}/E'_{it})]^2 + \beta_{4,1} D'_{it} + \mu'_{4,it}$$

$$\mu'_{4,it} = \sum_{it=1}^{NT} \rho_{4,sem} (\zeta' \otimes W')_{it,it} \mu'_{4,it} + \varepsilon'_{4,it} \tag{6.14}$$

6.2.2 数据说明

在式（6.11）～式（6.14）中，GDP（亿元）、年末总人口数（万人）数据，可以通过中国国家统计局官网上地区数据中分省区市年度数据获得主要数据，缺省数据可以通过《新中国60年统计资料汇编》和《新中国65年统计资料汇编》得到补充。对GDP数据需用GDP平减指数消除价格影响。为了保证数据分析的统一性，本章基于全国的各年度GDP平减指数（1990=100）对各省（区、市）的GDP进行平减。由于目前官方资料中仅公布了以1978=100的国内生产总值指数，则可以按照如下方法确定以1990为100的各年度GDP平减指数，即各年名义国内生产总值乘以10^6，除以1978年国内生产总值与各年国内生产总值指数（1978为100）的乘积，再除以1990年GDP平减指数（1978为100），如图6.1所示。图6.1中还给出了1990～2015年的固定资产投资价格指数，这可以从中华人民共和国统计局官网中获得所有数据，这在计算中国的31个省（区、市）历年的资本存量数据时必不可少。

1990～2015年，中国的31个省（区、市）的能源消费总量（万吨标准煤）数据，主要依据1997～1999年、2000～2002年、2005年以及

2013~2016年《中国能源统计年鉴》获得主要数据，缺省数据通过《新中国60年统计资料汇编》得到部分补充。1990~1996年重庆市能源消费总量、2001年宁夏回族自治区能源消费总量数据来自《新中国60年统计资料汇编》。1990~2015年西藏自治区能源消费总量依据历年西藏自治区GDP占全国GDP的比重，乘以相应年份全国能源消费总量计算，其中，1990~1999年全国能源消费总量数据来源于《新中国60年统计资料汇编》，2000~2015年全国能源消费总量数据来源于中华人民共和国统计局官网。1992~1994年上海市、山东省、湖南省、四川省能源消费总量缺省数据，依据1991年及1995年对应地区能源消费总量数据及其年均增长率分别确定。主要计算公式为：各地区1992年能源消费总量，等于各地区1991年能源消费总量×1991~1995年各地区能源消费总量年均增长率，以此类推。

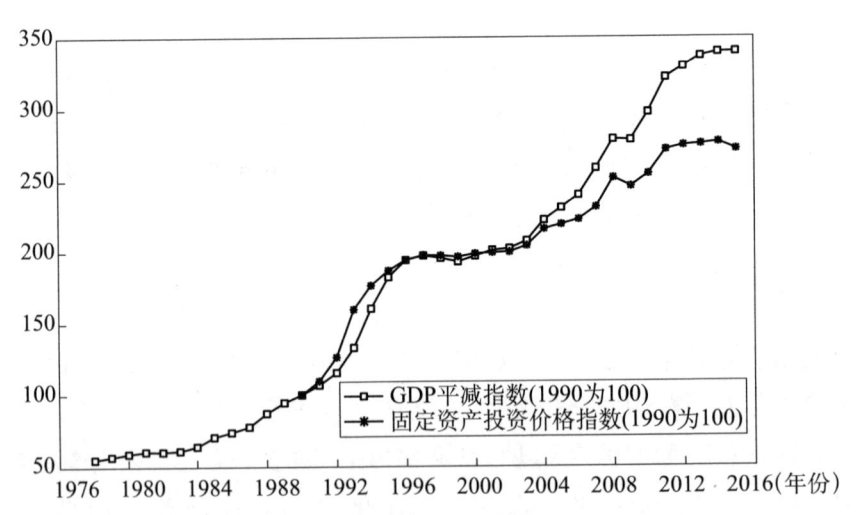

图6.1 中国的GDP平减指数与固定资产投资价格指数（1990年为100）

资料来源：笔者根据软件EViews 9.0绘制而得。

资本存量数据的获得相对麻烦一些。资本存量核定一般依据永续盘存法进行，即当期实际总资本存量＝上期实际资本存量×（1－资产折旧率）＋本期实际新增资本存量。在永续盘存法中，确定基年资本存量尤为重要。本章依据范巧（2012）的分析，以1990年作为基年，先核定1990年不变价的全国资本存量，然后，以1990年各省区市全社会固定资产投资总额占全国的比例，将1990年全国资本存量分配至各省区市，由此确定各省区市1990年的基年资本存量（1990年不变价），如图6.2所示。① 其中，1990年不变价的全国资本存量核定为243017.12亿元，主要计算方法如下：以范巧（2012）核定的1952年不变价的全国资本存量（18300.86亿元），乘以1990年国内生产总值指数（1327.9，1952年为100），再除以100。值得注意的是，由于重庆市1997年才成为直辖市，则先通过《重庆统计年鉴2016》获得1990年重庆市的全社会固定资产投资总额，并从四川省中扣除相应数据，然后重新计算各省区市全社会固定资产投资总额占全国的比重。

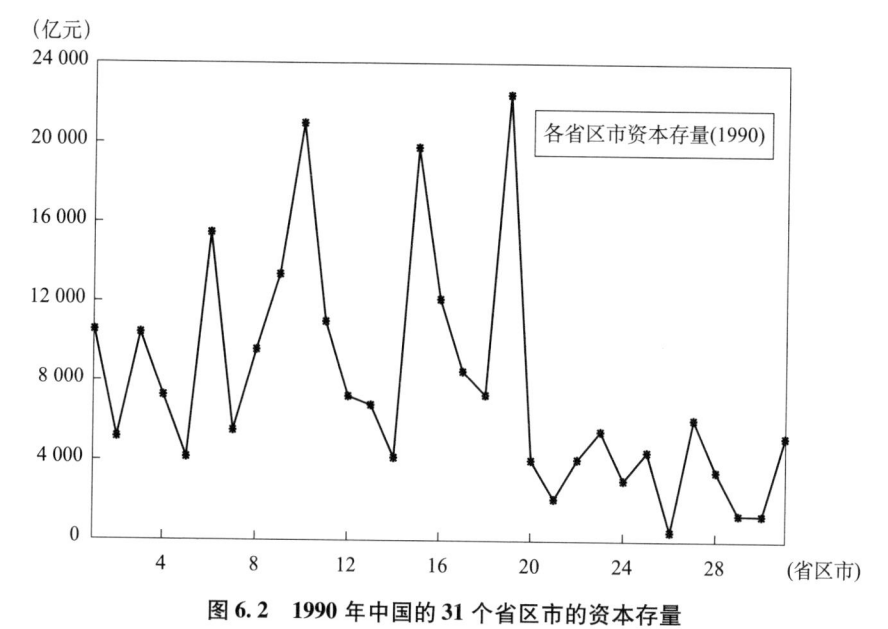

图6.2 1990年中国的31个省区市的资本存量

资料来源：笔者根据EViews 9.0软件绘制而得。

---

① 范巧. 永续盘存法细节设定与中国资本存量估算：1952~2009年[J]. 云南财经大学学报，2012（3）：42-50.

本章还依据范巧（2012）的分析，设定资产折旧率为11.28%，各省区市本期实际新增资本存量由当年资本形成总额除以固定资产投资价格指数（1990=100）并乘以100计算得到。资本形成总额（亿元）数据通过中华人民共和国统计局官网以及《新中国60年统计资料汇编》《新中国65年统计资料汇编》获得，部分缺省数据单独处理，其中，西藏自治区1990~1992年资本形成总额数据以西藏自治区的国民收入积累额替代。

组别虚拟变量数据和事件虚拟变量数据获取相对较为简单，主要依据1990~2015年国家级新区的批设情况及属地省区市确定。尽管目前全国已经有19个国家级新区，但截至2015年末全国仅有16个国家级新区，分别是上海浦东新区（1992年10月）、天津滨海新区（2006年5月）、重庆两江新区（2010年5月）、浙江舟山群岛新区（2011年6月）、兰州新区（2012年8月）、广州南沙新区（2012年9月）、陕西西咸新区（2014年1月）、贵州贵安新区（2014年1月）、青岛西海岸新区（2014年6月）、大连金普新区（2014年6月）、四川天府新区（2014年4月）、湖南湘江新区（2015年4月）、南京江北新区（2015年6月）、福州新区（2015年8月）、云南滇中新区（2015年9月）、哈尔滨新区（2015年12月）。这些国家级新区分属上海、天津、重庆、浙江、甘肃、广东、山西、贵州、山东、辽宁、四川、湖南、江苏、福建、云南、黑龙江，由此，在$D'_{1,it}$中，凡属于上述16个省市时元素取值为1，凡属于其余省区市时元素取值为0。同时，在$D'_{2,it}$的确定中，需以上述16个国家级新区的批设年份为限，年份在批设年份之后的元素值设定为1，其余的元素值全部设定为0。基于$D'_{1,it}$、$D'_{2,it}$的数据设计，则容易得到$\bar{D}'_{1,it}$、$\bar{D}'_{2,it}$分别为0.5161和0.0844。由此，可以依据组别虚拟变量、时间虚拟变量及其均值，确定组织创新虚拟变量的堆积序列D'_{it}。

6.3 国家级新区批设对属地省市经济增长的总体影响效应评价

6.3.1 基于双重差分CES空间计量模型的总体影响效应估计结果及评价

依据式（6.11）~式（6.14）的设定及相关数据，结合极大似然法以及MATLAB R2017a软件，容易得到四个模型的相关参数，如表6.1所示。在双重差分CES空间X滞后模型中，变量ln（L）、$[\ln(K/L)]^2$以及$[\ln(L/E)]^2$等未能通过显著性检验。在双重差分CES空间自回归模型中，变量ln（L）、$[\ln(K/L)]^2$以及$[\ln(L/E)]^2$也未能通过显著性检验。在双重差分CES空间杜宾模型中，变量$[\ln(K/L)]^2$、$[\ln(L/E)]^2$未能通过显著性检验。在双重差分CES空间误差模型中，解释变量均能通过显著性水平为5%或10%的假设检验。在表6.1中，四个模型的组织创新虚拟变量D均能通过5%或10%的假设检验。同时，在双重差分CES空间杜宾模型中，邻近地区组织创新虚拟变量$(\zeta' \otimes W')D$的溢出效应项也能通过显著性水平为5%的假设检验。由此，本章认为，采用双重差分CES空间误差模型来评估国家级新区批设对属地省市的经济增长效应相对而言更具科学性，结论显示国家级新区批设对属地省市经济增长具有显著的影响效应。

表6.1 四种双重差分CES空间计量模型的参数估计结果

变量及统计性质	双重差分CES空间X滞后模型	双重差分CES空间自回归模型	双重差分CES空间杜宾模型	双重差分CES空间误差模型
常数项	-5.008217 （-16.56）**	-4.259573 （-32.37）**	-0.131957 （-8.44）**	30.543026 （43.04）**

续表

变量及统计性质	双重差分CES空间X滞后模型	双重差分CES空间自回归模型	双重差分CES空间杜宾模型	双重差分CES空间误差模型
ln(K)	0.693834 (15.68)**	0.473799 (9.88)**	0.594833 (3.45)**	0.725650 (25.01)**
ln(L)	0.044218 (0.90)	0.071172 (1.38)	0.327901 (11.48)*	0.244852 (9.34)**
ln(E)	0.395814 (8.22)**	0.548384 (13.57)**	0.195522 (7.86)*	0.148400 (5.86)**
$[\ln(K/L)]^2$	-0.010053 (-0.47)	-0.006450 (-0.26)	0.015620 (0.60)	-0.026474 (-1.95)*
$[\ln(K/E)]^2$	-0.156411 (-3.63)**	-0.094866 (-3.49)**	-0.120218 (-10.43)*	-0.085206 (-4.39)**
$[\ln(L/E)]^2$	-0.04211 (-1.51)	-0.006292 (-0.25)	-0.003385 (-0.18)	0.043194 (3.07)**
D	0.469129 (4.05)**	0.181994 (1.89)*	0.200632 (15.90)**	0.143220 (2.60)**
$(\zeta'\otimes W')\ln(K)$	-1.160381 (-8.71)**	—	-1.113190 (-21.90)**	—
$(\zeta'\otimes W')\ln(L)$	0.456557 (4.35)**	—	-0.344939 (-7.29)**	—
$(\zeta'\otimes W')\ln(E)$	1.02439 (6.72)**	—	0.411556 (12.64)**	—
$(\zeta'\otimes W')[\ln(K/L)]^2$	0.202705 (3.33)**	—	0.103137 (1.87)*	—
$(\zeta'\otimes W')[\ln(K/E)]^2$	0.603733 (4.44)**	—	0.418550 (14.59)**	—
$(\zeta'\otimes W')[\ln(L/E)]^2$	0.068954 (0.54)	—	-0.201051 (-4.85)**	—
$(\zeta'\otimes W')D$	0.081016 (0.19)	—	0.689629 (22.28)**	—
空间相关系数	—	0.321962 (19.39)**	0.989950 (3.64)**	0.990000 (16229.70)**
拟合优度	0.9327	0.9007	0.3330	0.9769
对数似然值	-227.56	74.55	553.30	468.93

注：括号内为T统计量，***代表通过1%的显著性检验，**代表通过5%的显著性检验，*代表通过10%的显著性检验。"—"表示数据缺失。

资料来源：笔者依据MATLAB R2017a的参数估计结果整理而得。

6.3.2 模型形式变化下总体影响效应评价结果稳健性考察及优选

为了验证模型形式设定变化条件下分析结论的稳健性,本章结合C-D生产函数和超越对数生产函数,重新设定了两种双重差分空间误差模型,如式(6.15)和式(6.16)所示。式(6.15)基于C-D生产函数而设定,式(6.16)基于超越对数生产函数而设定。Y'_{it}、K'_{it}、L'_{it}、E'_{it}、D'_{it}仍为GDP、资本存量、年末总人口数、能源消费总额和组织创新虚拟变量的堆积序列。ζ'、W'仍为标准化处理的时间权重矩阵和空间权重矩阵,$\otimes$仍为克罗内克积符号。$\alpha_{\xi,0}$、$\alpha_{\xi,1}$、$\alpha_{\xi,2}$、$\alpha_{\xi,3}$、$\beta_{\xi,1}$为外生参数,$\xi=5,6$。φ_κ也为外生参数,$\kappa=1,2,\cdots,6$。$\mu'_{5,it}$、$\mu'_{6,it}$、$\varepsilon'_{5,it}$、$\varepsilon'_{6,it}$为随机扰动项的堆积序列,$\varepsilon'_{5,it}$、$\varepsilon'_{6,it}$服从零均值、同方差的正态分布,$\mu'_{5,it}$、$\mu'_{6,it}$的分布形式分别由式(6.15)和式(6.16)决定。$\rho_{5,sem}$、$\rho_{6,sem}$仍为空间相关系数。

$$\ln(Y'_{it}) = \alpha_{5,0} + \alpha_{5,1}\ln(K'_{it}) + \alpha_{5,2}\ln(L'_{it}) + \alpha_{5,3}\ln(E'_{it}) + \beta_{5,1}D'_{it} + \mu'_{5,it}$$

$$\mu'_{5,it} = \sum_{it=1}^{NT} \rho_{5,sem}(\zeta'\otimes W')_{it,it}\mu'_{5,it} + \varepsilon'_{5,it} \quad (6.15)$$

$$\ln(Y'_{it}) = \alpha_{6,0} + \alpha_{6,1}\ln(K'_{it}) + \alpha_{6,2}\ln(L'_{it}) + \alpha_{6,3}\ln(E'_{it}) + \varphi_1[\ln(K'_{it})]^2$$
$$+ \varphi_2[\ln(L'_{it})]^2 + \varphi_3[\ln(E'_{it})]^2 + \varphi_4\ln(K'_{it})\ln(L'_{it})$$
$$+ \varphi_5\ln(K'_{it})\ln(E'_{it}) + \varphi_6\ln(L'_{it})\ln(E'_{it}) + \beta_{6,1}D'_{it} + \mu'_{6,it}$$

$$\mu'_{6,it} = \sum_{it=1}^{NT} \rho_{6,sem}(\zeta'\otimes W')_{it,it}\mu'_{6,it} + \varepsilon'_{6,it} \quad (6.16)$$

基于 MATLAB R2017a 软件和极大似然法,对式(6.15)和式(6.16)的模型进行了参数估计,结果如表6.2所示。在表6.2中,两种模型的参数估计结果佐证了前文关于国家级新区批设将对属地省市经济增长产生显著影响的结论,在两个模型中,组织创新虚拟变量 D 均能通过显著性水平为5%的假设检验。当然,相对而言,双重差分超越对数空间误差模型的参数估计结果性质要差一些,其中,ln(L)、 ln（E）、ln（K）×ln（L）等变量不能通过显著性水平为 5% 或 10% 的假设检验。双重差分 C-D 空间误差模型,则均能通过变量的显著性检验,而且拟合优度系数也较高。

此时,需借助 LR 检验确定式（6.14）和式（6.15）哪个更为优良。式（6.15）相比式（6.14）而言,相当于施加了 $[\ln(K/L)]^2$、$[\ln(K/E)]^2$、$[\ln(L/E)]^2$ 三个变量的参数为 0 的约束条件,则 LR = 2（$LM_{CES} - LM_{CD}$）,近似服从自由度为 3 的卡方分布,① 其中,LM_{CES} 为式（6.14）的对数极大似然值,LM_{CD} 为式（6.15）的对数极大似然值。依据表6.1和表6.2中两个模型的估计结果可知,LR = 23.68,在显著性水平分别为 5% 的条件下,$\chi^2_{0.05}(3) = 7.81$。这意味着,式（6.14）中三个变量参数为 0 的原假设将被拒绝,双重差分 CES 空间误差模型相比双重差分 C-D 空间误差模型而言,在分析国家级新区批设的经济增长效应时更为优良。由此,国家级新区批设对属地省市经济增长将产生正的影响效应,其对属地省市产出的对数值将产生系数为 0.14322 的正向影响。

表6.2　　　　　设定形式变化时模型的参数估计结果

变量及统计性质	双重差分 C-D 空间误差模型	双重差分超越对数空间误差模型
常数项	30.995436 (43.48)**	30.410659 (156.68)**
ln（K）	0.666059 (33.84)**	1.053580 (7.14)**
ln（L）	0.242951 (16.05)**	-0.032933 (-0.19)
ln（E）	0.212048 (10.74)**	-0.152066 (-1.58)
D	0.151878 (2.95)**	0.136543 (2.60)**
$[\ln(K)]^2$	—	-0.135777 (-6.61)**

---

① Buse A. The likelihood ratio, wald, and lagrange multiplier tests: an expository note [J]. American Statistician, 1982, 36 (3): 153–157.

续表

变量及统计性质	双重差分 C-D 空间误差模型	双重差分超越对数空间误差模型
$[\ln(L)]^2$	—	0.034124
		(1.78)*
$[\ln(E)]^2$	—	-0.061334
		(-4.71)**
$\ln(K) \times \ln(L)$	—	0.017921
		(0.69)
$\ln(K) \times \ln(E)$	—	0.213295
		(15.52)**
$\ln(L) \times \ln(E)$	—	-0.050802
		(-1.67)*
空间相关系数	0.990000	0.990000
	(16059.02)**	(10306.31)**
拟合优度	0.9763	0.9773
对数似然值	457.09	476.71

注：括号内为 T 统计量，*** 代表通过 1% 的显著性检验；** 代表通过 5% 的显著性检验，* 代表通过 10% 的显著性检验。"—"表示无数据。

资料来源：笔者依据 MATLAB R2017a 的参数估计结果整理而得。

6.4 国家级新区批设对属地省市经济增长的个体影响效应评价

如前所述，在评估国家级新区对属地省市经济增长的总体影响效应时，采用双重差分 CES 空间误差模型得到的参数估计结果最优。基于这一总体模型，在分解组织创新虚拟变量的条件下，可以完成单个国家级新区批设对属地省市经济增长的个体影响效应评价。

在式（6.14）中，组织创新虚拟变量 D'_{it} 由组别虚拟变量 $D'_{1,it}$ 和事件虚拟变量 $D'_{2,it}$ 组成。其中，在堆积序列 $D'_{1,it}$、$D'_{2,it}$ 的原始数据序列 $D_{1,it}$、$D_{2,it}$ 中，分别包含了单个国家级新区的属地省市情况和批设时间情况。基于此，可以抽取单个国家级新区对应的元素，形成新的组织创新虚拟变量，评估单个国家级新区对属地省市经济增长的个体影响效应。

设 r = 1, 2, …, 16 分别代表如前文所示的 16 个国家级新区，且排序情况如前文数据说明所示。抽取原始数据序列 $D_{1,it}$、$D_{2,it}$ 中第 r 个国家级新区的对应列元素，并定义 $D_{1,it}$、$D_{2,it}$ 的其他各列元素为 0，基于此，形成新的数据序列 $D_{1,it}^r$、$D_{2,it}^r$。此时，$D_{1,it}^r$ 表示第 r 个国家级新区的属地省市情况，$D_{2,it}^r$ 表示第 r 个国家级新区的批设时间情况。设 $D_{1,it}^r$、$D_{2,it}^r$ 的堆积序列分别为 $D_{1,it}'^r$、$D_{2,it}'^r$，这两个序列分别为第 r 个国家级新区对属地省市经济增长个体效应评估时新的组别虚拟变量和事件虚拟变量。

基于类似的逻辑，可以定义 $D_{1,it}$、$D_{2,it}$ 中第 r 个国家级新区对应的列元素全部为 0，并抽取 $D_{1,it}$、$D_{2,it}$ 中所有的其他元素形成新的数据序列，分别定义两个新序列为 $D_{1,it}^{-r}$、$D_{2,it}^{-r}$。此时，两个新序列 $D_{1,it}^{-r}$、$D_{2,it}^{-r}$ 的堆积序列 $D_{1,it}'^{-r}$、$D_{2,it}'^{-r}$ 分别表示其他 r-1 个国家级新区对属地省市经济增长个体效应评估时，新的组别虚拟变量和事件虚拟变量的汇总。

依据定义可知，$D_{1,it}' = D_{1,it}'^r + D_{1,it}'^{-r}$，$D_{2,it}' = D_{2,it}'^r + D_{2,it}'^{-r}$。此时，总体效应评估时所采用的组合创新虚拟变量将可以转化为 $D_{it}' = (D_{1,it}'^r + D_{1,it}'^{-r} - \overline{D}_{1,it}') \times (D_{2,it}'^r + D_{2,it}'^{-r} - \overline{D}_{2,it}')$。设 $D_{it}'^{Dr} = D_{1,it}'^r D_{2,it}'^r$，$D_{it}'^{Ir} = D_{1,it}'^r (D_{2,it}'^{-r} - \overline{D}_{2,it}') + (D_{1,it}'^{-r} - \overline{D}_{1,it}') \times D_{2,it}'^r$，$D_{it}'^{-r} = D_{it}' - D_{it}'^{Dr} - D_{it}'^{Ir}$，则 $D_{it}'^{Dr}$、$D_{it}'^{Ir}$、$D_{it}'^{-r}$ 分别表示第 r 个国家级新区的直接效应的组织创新组合虚拟变量、第 r 个国家级新区的间接效应的组织创新组合虚拟变量及其他 r-1 个国家级新区的个体影响效应的组织创新组合虚拟变量。基于此，在式（6.14）的基础上，可以将变量 D_{it}' 分解为三个变量，即 $D_{it}'^{Dr}$、$D_{it}'^{Ir}$、$D_{it}'^{-r}$；在式（6.14）中，参数 $\beta_{4,1}$ 也可以类似地转化为 $\beta_{4,1}^{Dr}$、$\beta_{4,1}^{Ir}$、$\beta_{4,1}^{-r}$。

在双重差分 CES 空间误差模型框架下，基于分解后形成的 16 组组织创新虚拟变量，估计式（6.14）的转化模型，可以得到 16 组 $\beta_{4,1}^{Dr}$、$\beta_{4,1}^{Ir}$，分别表示 16 个国家级新区对属地省市经济增长的个体直接效应和个体间接效应，如表 6.3 所示。在表 6.3 中，个体总效应由个体直接效应和个体间接效应加总得到，且只有当个体直接效应和个体间接效应均能通过显著性水平为 5% 或 10% 的假设检验时，个体总效应才显著。

表6.3　16个国家级新区对属地省市经济增长的个体影响效应

国家级新区	个体直接效应（T统计量）	个体间接效应（T统计量）	个体总效应	对数似然值
上海浦东新区	1.0996（1.0514）	2.0389（1.1703）	3.1385	470.7764
天津滨海新区	0.2421（0.5596）	0.6014（0.8282）	0.8435	468.2469
重庆两江新区	−0.7493（−2.3024）*	−1.3575（−2.5786）*	−2.1068♣	471.1314
浙江舟山群岛新区	−0.0242（−0.0741）	0.0583（0.1106）	0.0341	467.4839
兰州新区	0.0984（0.3103）	0.2303（0.4536）	0.3287	467.6395
广州南沙新区	−0.7388（−2.3485）**	−1.5235（−3.0229）**	−2.26237♣	473.7645
陕西西咸新区	4.0124（4.7090）**	2.6012（4.8966）**	6.6136♣	480.5376
贵州贵安新区	−0.5791（−1.8269）*	−0.8221（−1.7023）*	−1.4012♣	468.6095
青岛西海岸新区	−0.4497（−1.4076）	−0.7996（−1.6441）*	−1.2493	468.5662
大连金普新区	1.1433（3.4544）**	2.3172（4.4965）**	3.4605♣	479.2459
四川天府新区	−0.5875（−1.8551）*	−1.1741（−2.4376）**	−1.7616♣	470.5453
湖南湘江新区	−0.9094（−2.7003）**	−1.5001（−3.1624）**	−2.4095♣	471.7668
南京江北新区	0.2293（0.6675）	0.6814（1.4072）	0.9107	468.9907
福州新区	−0.2726（−0.7953）	−0.5452（−1.1265）	−0.8178	467.9512
云南滇中新区	−0.3870（−1.1426）	−0.5179（−1.0917）	−0.9049	467.8244
哈尔滨新区	1.3417（3.8973）**	1.8490（3.7979）**	3.1907♣	476.7106

注：*** 表示通过显著性水平为1%的假设检验；** 表示通过显著性水平为5%的假设检验，* 表示通过显著性水平为10%的假设检验。♣表示单个国家级新区总体效应显著。

资料来源：笔者根据MATLAB R2017a的参数效应分析结果整理而得。

在表6.3中，尽管不同的国家级新区对其属地省市具有不同的经济增长效应，但总结起来，仍有几个特征。第一，成立10年以上的国家级新区对其属地省市经济增长不产生显著的促进效应。一般而言，国家级新区经过较长时间的发展，将转化成属地省市的行政区。如上海浦东新区和天津滨海新区，不会特别明显地促进属地省市经济的快速增长。第二，批设在我国南方地区的国家级新区将对其属地省市经济增长产生显著的负向激励效应。国家级新区的批设一般会带来特殊优惠的土地利用政策、财政扶持政策和金融支撑政策，这些政策将在较长的一段时间内对属地省市其他市区县资源，如土地资源、自然资源、人口转移等造成一定程度的挤占。我国南方地区经济社会发展效率往往相对较高，国家级新区批设在一定程度上对其他市区县的资源挤占，将导致相应地区经济增长效率降低；在此阶段，如果国家级新区发展相对不成熟，会导致属地省市经济增长的整体效率降低。如重庆两江新区、广州南沙新区、贵州贵安新区、四川天府新区、湖南湘江新区等。第三，批设在我国东北地区和西北地区的国家级新区将对其属地省市经济增长产生正向激励。究其原因，目前我国的东北地区和西北地区经济社会发展效率相对较低，国家级新区的批设同样会使得这些省市所属市区县的资源转移至国家级新区。这种转移同样会带来资源的挤占，但这种挤占将在国家级新区中产生规模经济效应，从而弥补其他地区资源被挤占所导致的增长效率降低，所以，这些地区的国家级新区的批设将不会抑制属地省市的经济增长，反而有一定的激励作用和促进作用，如，陕西西咸新区、大连金普新区和哈尔滨新区。

6.5 本章小结

本章立足于双重差分多要素一级CES生产函数的线性转化式，构建了四种双重差分CES空间计量理论模型。在此基础上，以1990～

2015年中国的31个省区市的地区生产总值为被解释变量，以资本存量、年末总人口数、能源消费总量以及国家级新区批设的组织创新虚拟变量作为解释变量，建立了四种双重差分CES空间计量实证模型，考察了国家级新区的批设对属地省市经济增长的总体影响效应和个体影响效应，得到了一些有意义的研究结论，整理如下。

（1）基于双重差分CES空间X滞后模型、双重差分CES空间自回归模型、双重差分CES空间杜宾模型、双重差分CES空间误差模型的理论与实证模型设计，本章考察了国家级新区的批设对属地省市经济增长的影响效应问题。结论显示，四种双重差分CES空间计量模型均指出，国家级新区批设对属地省市经济增长有显著的影响效应。这一结论在模型所依赖的生产函数形式演变成柯布-道格拉斯生产函数、超越对数生产函数条件下仍然成立。

（2）基于四种双重差分CES空间计量模型以及双重差分C-D空间误差模型、双重差分超越对数空间误差模型的参数估计结果，本章以变量显著性检验、拟合优度系数的大小以及极大似然比检验为准则，对上述六种模型参数估计结果进行了优选。结论显示，双重差分CES空间误差模型是评估国家级新区的批设对属地省市经济增长效应的最优模型，国家级新区的批设将对属地省市GDP对数值产生系数为0.14322的正向影响。

（3）基于双重差分CES空间误差模型，在分解组织创新虚拟变量形成单个国家级新区直接效应评估或间接效应评估的新的组织创新组合虚拟变量的条件下，本章对16个国家级新区对于属地省市经济增长的个体影响效应进行了评估。结论显示，成立10年以上的国家级新区对属地省市经济增长的促进效应尚不明显，我国南方地区批设的国家级新区对属地省市经济增长有负向激励效应，我国西北地区和东北地区批设的国家级新区对属地省市经济增长有正向激励效应。

本章的研究得到了一些有意义的结论，对国家级新区的相关研究和政策实践也有一定裨益。从相关研究结论来看，国家级新区从整体上仍促进了属地省市的经济增长,批设国家级新区仍是促进中国经济快速增长的重要政策工具之一。然而,国家级新区的批设在不同地区有不同的发展效应,中国南方地区由于其经济发展基础较好,且经济发展效率较高,国家级新区的批设并不会促进属地省市的经济增长,反而在一定程度上会挤占其属地省市经济社会发展资源,从而导致属地省市整体经济发展效率降低;我国西北地区和东北地区经济社会发展相对滞后,经济社会发展效率较低,在这些地区批设国家级新区将可以优化配置资源,从而促进经济快速发展。由此,在未来较长一段时间内,国家级新区批设作为促进经济增长的重要政策工具,可以在我国西北地区和东北地区重点加以使用。当然,本章也有一些细节问题处理得不够完美,将可能导致分析结论并不特别精准,主要表现在以下两方面:一方面,部分数据的缺失,使本章在数据处理过程中依赖各种统计方法来补漏相关数据,这可能导致最终分析结论的非精准性;另一方面,省级层面的数据有限性,使本章在考察劳动力时直接采用了年末总人口数,未核算1990~2015年各省(区、市)的人力资本数据并纳入实证分析过程,这也可能导致分析结论的非精准性。

第 7 章

国家级新区人口迁徙效应与人才发展战略

国家级新区是重构区域行政权力与区域空间架构的重要手段,是中国经济发展的重要引擎与区域增长极。国家级新区基于区域经济总量协调、区域增长动力协调、区域产业协同发展、区际劳动力迁移、区域城市与人口协调等路径,发挥对所在地省市和周边省(区、市)邻近地区的辐射带动作用。基于劳动力区际转移的理论逻辑,对国家级新区批设导致劳动力转移的效应以及国家级新区吸纳劳动力转移的能力进行分析,对于制定科学的国家级新区人才政策和劳动力政策具有重要的理论意义和现实意义。本章拟以新贸易理论中劳动力国际流动理论与新古典国际贸易理论中特定要素贸易模型理论为基础,构建国家级新区与其他地区劳动力转移的理论分析模型,以阐释国家级新区批设导致劳动力转移的效应及国家级新区劳动力吸纳能力问题,并结合国家级新区现有人才政策阐释其人才发展的可行战略。

7.1 关于劳动力转移研究的近期文献回顾

劳动力区际转移是劳动力空间再分配的表现。对劳动力转移的研究由来已久,经典理论包括新古典劳动力转移理论(Todaro,1969)、人力资本理论（Cadwallader，1992）、区域效用理论（Lee and Roseman，1997）、劳动力区际转移理论（Krugman，1993）等。其中，新古典劳动力转移理论强调预期工资差异在劳动力转移中的作用；人力资本理论强调劳动力基于对迁移收益的净现值、迁移风险及成本等因素的综合考察，决定是否进行人力资本投资和区际转移。区域效用理论强调，劳动力基于由个体内在需求和周围环境构成的区域效用，而决定是否在区域之间进行迁移。劳动力区际转移理论强调，经济机会的空间差异和区域效用差异会引起劳动力转移，并随着劳动力的动态转移不断消除差异以实现均衡。

与劳动力转移相关的近期研究主要围绕劳动力转移原因及转移效应展开。对劳动力转移原因的分析，主要围绕什么因素促进了劳动力转移、什么因素阻碍了劳动力转移、劳动力回流转移原因等三个层次展开。一般来说，促进劳动力转移的因素包括经济发展水平与收入差距（骆友生和刘剑文，1994）、农业技术进步与新型城镇化（李斌等，2015）、外商直接投资的空间分布与区域转移（赵德昭，2014；臧新和赵炯，2016）等，而阻碍劳动力转移的因素主要在于人力资本的专用性；[1] 同时，导致劳动力回流转移的主要原因在于农村土地规模经营与收益提升，[2] 这将使劳动力转移的成本增加，劳动力在重新核算其转移收益与转移成本基础上可能将回流。[3] 就劳动力转移效应而言，传统分析主要围绕劳动力转移对输入地和输出地的转移劳动力收入、社会管理、商品和服务价格水平等的影响而展开，[4] 近期研究则侧重于评估劳动力转移对区域差距缩减与区域经济协调发展（樊士德和姜德波，

---

[1] 赖德胜，孟大虎. 专用性人力资本、劳动力转移与区域经济发展 [J]. 中国人口科学，2016（1）：60-68.

[2] 杨渝红，欧名豪. 土地规模经营、农村剩余劳动力转移与农民收入关系研究——基于省际面板数据的检验 [J]. 资源科学，2009（2）：310-316.

[3] 周传豹等. 收支余额变动与中国农村转移劳动力跨区域回流趋势 [J]. 农业技术经济，2016（4）：4-15.

[4] 黄守宏. 产业与区域间劳动力转移问题研究 [J]. 管理世界，1996（1）：199-208.

2014)、区域竞争力提升（刘传江和黄桂然，2013）、产业区际转移（樊士德等，2015）、区域产业结构调整（邓智团和但涛波，2005）等的影响。一般而言，劳动力的区际转移具有刚性转移属性，这在一定程度上会抑制产业的区际转移，但劳动力区际转移在缩减区域差距、提升区域竞争力、促进区域经济协调发展及优化区域产业结构等方面则有一定的促进作用。

劳动力吸纳能力是劳动力转移研究中另一个比较热点的问题。目前，主要的劳动力吸纳能力核定方法包括两类：第一类，基于地区经济增长能力，对其劳动力吸纳能力进行核定；第二类，基于最合理人口规模的核定，在扣除现有人口规模的基础上，对地区劳动力吸纳能力进行核定。基于经济增长能力的劳动力吸纳能力核定，主要依据区域经济增长的水平和能力（周靖祥和何燕，2009）、区域产业发展潜能（栾维新和宋薇，2003）、乡镇企业发展水平（韩保江，1995），结合就业弹性核算或转移劳动力占特定产业就业人数的比重（李宁等，2003）来核定。其中，就业弹性可以依据就业人数变动率、经济增长率变动率或资本投资变动率进行核算，[1] 也可以依据回归分析进行估算。[2] 对最合理人口规模的核定主要基于三种思路展开：第一种思路主要在确定劳动力效用函数的基础上，结合均衡分析核定最合理人口规模。[3] 第二种思路主要依据经济变量之间的内在关系，形成特定的函数关系式，由此推导最合理人口规模的计算公式。其中，主要依据的经济变量关系包括三次产业劳动生产率与GDP的关系（陈家华等，2002）、人类发展指数与经济发展水平的关系（黄明知等，2004）等。第三种思路主要基于多种目标变量和约束条件，结合层次分析法（石声萍，2000）、可能—满意

---

[1] 熊立新. 江苏乡镇企业吸纳劳动力的调查分析 [J]. 管理世界，1996（4）：204 - 207.

[2] 韩颖，周黎明. 今后十年我国旅游业吸纳劳动力的数量预测 [J]. 数量经济技术经济研究，2002（3）：40 - 43.

[3] 王海宁. 长吉图地区城市最优人口规模与经济发展 [J]. 农业与技术，2009（5）：15 - 19.

度模型方法（张瀛和王浣尘，2003）、非线性多目标决策法（赵秋成，2011）、系统动力学模型预测方法（王耕和李优，2016）等，综合核定劳动力吸纳能力。

尽管劳动力转移效应及劳动力吸纳能力的相关研究比较丰富，然而，由于国家级新区是一个相对新生的事物，多数国家级新区批设时间在2010年之后，这导致可供研究的数据序列较少且时间跨度较短。于是，上述评估方法并不特别适用于国家级新区劳动力转移效应与吸纳能力相关问题的分析。本章希望通过新贸易理论中劳动力国际流动理论与新古典国际贸易理论中特定要素贸易模型的理论整合，探索构建国家级新区批设导致劳动力区际转移的理论逻辑，阐释国家级新区批设导致劳动力转移的产出效应及其均衡劳动力规模决定机制，并基于包含虚拟变量的省级面板数据计量经济学模型验证理论分析的结论，具有较为重要的理论意义和现实意义。

7.2 国家级新区批设视角下劳动力区际转移的理论逻辑

如图7.1所示，纵轴代表工资水平，W_{NNA}表示国家级新区所在地的劳动力工资水平，W_{Oth}表示其他地区的劳动力工资水平；横轴代表劳动力，劳动力总量为$\bar{L}$，劳动力将依据工资水平在国家级新区所在地与其他地区之间转移；$VMPL'_{NNA}$表示国家级新区所在地的劳动力供求曲线，$VMPL'_{Oth}$表示其他地区的劳动力供求曲线，其中，需求曲线代表劳动力的边际产品价值。[①]

在国家级新区批设之前，均衡的工资水平为W'_e。国家级新区所在

[①] [美] W. 查尔斯·索耶，理查德·L. 斯普林克. 国际经济学（第三版）[M]. 刘春生等译. 北京：中国人民大学出版社，2010：110－117.

地劳动力为 L'_{NNA}，其他地区劳动力为 $\bar{L} - L'_{NNA}$。国家级新区所在地的经济总产出将由 a+b+c 表示，并在资本部门和劳动部门分配，其中，资本部门收益为 a+b，劳动部门收益为 c。其他地区的经济总产出由 f+k+g+h+i+j 表示，也在资本部门和劳动部门进行分配，资本部门收益为 f+h+i，劳动部门收益为 g+k+j。

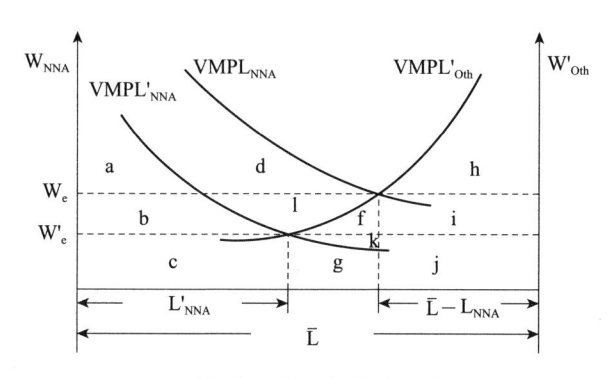

图 7.1 国家级新区批设与劳动力的区际转移

资料来源：笔者根据特定要素贸易模型理论，结合国家级新区劳动力区际转移理论分析部分绘制而得。

国家级新区的批设，将会使国家级新区所在地享受诸多特殊优惠政策，国家级新区所在地也由此具备以高工资和其他人才政策吸引劳动力转移的能力。此时，国家级新区所在地劳动力需求曲线将由 $VMPL'_{NNA}$ 变化为 $VMPL_{NNA}$。由于劳动力的边际产品价值取决于劳动力的边际产出及最后一单位产出的价格，即 $VMPL'_{NNA} = MPL'_{NNA} \times P'$，以及 $VMPL_{NNA} = MPL_{NNA} \times P$。①在商品高度流通的社会主义市场经济体系中，不同地区的最后一单位产出的价格是恒定的，这种价格的恒定不会随着国家级新区的批设而发生改变，即 $P = P'$。依据图 7.1，可以得到如下推论：

推论 7-1 国家级新区批设将导致国家级新区所在地劳动力的边

---

① 李坤望，张伯伟. 国际经济学（第二版）[M]. 北京：高等教育出版社，2009：82-84.

际产出提高。

国家级新区批设以后，高工资和其他人才收益将吸引劳动力从其他地区转移至国家级新区所在地。经过较长一段时间的劳动力转移后，国家级新区所在地和其他地区将形成新的工资均衡和劳动力均衡。新的均衡工资将由 W_e 表示。这意味着，全社会的劳动力的边际产品价值有所提升，在最后一单位产出价格恒定的条件下，我们可以得到另外一个推论：

推论 7 – 2 国家级新区批设将导致全社会劳动的边际产出提高。

在新的均衡水平下，如图 7.1 所示，国家级新区所在地的劳动力将由 L_{NNA} 表示，其他地区劳动力将由 $\bar{L} - L_{NNA}$ 表示。这意味着，$L_{NNA} - L'_{NNA}$ 的劳动力从其他地区转移至国家级新区所在地。国家级新区所在地经济总产出由 $a + b + c + d + l + f + k + g$ 表示，其中，资本部门收益为 $a + d$，劳动部门收益为 $b + c + l + f + k + g$。其他地区经济总产出为 $h + i + j$，其中，资本部门收益为 h，劳动部门的收益为 $i + j$。

在国家级新区批设前后，如图 7.1 所示，新区所在地经济总产出增加了 $d + l + f + k + g$，其他地区经济总产出变化为 $-(f + k + g)$，国家级新区批设导致全社会经济总产出增加了 $d + l$。在国家级新区批设前后，国家级新区所在地资本部门收益变化为 $d - b$，劳动部门的收益变化为 $b + l + f + k + g$；其他地区资本部门收益变化为 $-(f + i)$，其他地区劳动部门收益变化为 $i - (g + k)$。这意味着，国家级新区批设对国家级新区所在地劳动部门收益的影响是正向的，其收益来自高工资和其他特殊的人才政策。其他地区劳动部门收益是不确定的，其收益来源于劳动力转移导致的损失以及劳动力边际产出提高导致的收益两方面力量的对比。

国家级新区批设对国家级新区所在地和其他地区资本部门的收益影响是有差异的。由于资产专用性和资产迁徙成本等影响，其他地区的地方政府缺乏安抚本地区现有企业的内在动力，由此，人才竞争的压力最终转嫁给资本部门，这直接表现为工资的增加，从而导致其他地区资本部门收益的绝对降低。对于国家级新区所在地的资本部门而言，其收益变动取决于工资上涨导致的收益降低以及劳动力边际产出提高导致的收益增加两部分的综合作用，这两方力量的综合决定国家级新区所在地资本部门的收益。按照图7.1，国家级新区批设将导致其所在地劳动力边际产出大大提升，从而国家级新区所在地区资本部门收益将得以提升。

7.3 国家级新区批设视角下劳动力区际转移的产出效应评估

7.3.1 模型设定

为了阐释国家级新区批设后劳动力区际转移所产生的产出效应，本章以柯布-道格拉斯生产函数为依据，建立了如式（7.1）~式（7.3）的三个模型。在式（7.1）~式（7.3）中，Y代表产出，K、L分别代表资本和劳动，D代表国家级新区批设虚拟变量。在国家级新区批设之前，$D=0$；在国家级新区批设当年及之后各年，$D=1$。α_0，…，α_2，β_0，…，β_5以及θ_0，…，θ_4均为外生参数；μ_1、μ_2、μ_3分别为三个模型的随机扰动项，均服从零均值、同方差的正态分布，且方差分别为σ_1^2、σ_2^2、σ_3^2。

$$\ln(Y) = \alpha_0 + \alpha_1 \ln(K) + \alpha_2 \ln(L) + \mu_1 \tag{7.1}$$

$$\ln(Y) = \beta_0 + \beta_1 \ln(K) + \beta_2 \ln(L) + \beta_3 D + \beta_4 \ln(K)D + \beta_5 \ln(L)D + \mu_2 \tag{7.2}$$

$$\ln(Y) = \theta_0 + \theta_1 \ln(K) + \theta_2 \ln(L) + \theta_3 D + \theta_4 \ln(K)D + \mu_3 \tag{7.3}$$

式（7.1）为不考虑国家级新区批设因素的产出模型，基于式（7.1）的生产函数为$Y = e^{\alpha_0} K^{\alpha_1} L^{\alpha_2}$，其中，劳动力的边际产出为$\partial Y / \partial L = \alpha_2 Y L^{-1}$，这实际上表现为国家级新区批设之前初始均衡条件下劳动力的边际产出。式（7.2）是在式（7.1）的基础上形成的，主要的变化在于以混合模式引入了国家级新区批设虚拟变量,式(7.2)是对国家级新区批设所产生的产出效应的动态考察。其中,β_3 表示国家级新区批设对产出的影响,β_4、β_5 分别表示国家级新区批设通过重新配置资本和劳动力资源而对产出产生的影响。基于式(7.2)的生产函数为 $Y = e^{\beta_0 + \beta_3 D} K^{\beta_1 + \beta_4 D} L^{\beta_2 + \beta_5 D}$,此时,劳动力边际产出为 $\partial Y / \partial L = (\beta_2 + \beta_5 D) Y L^{-1}$,其中,国家级新区所在地的劳动力边际产出为 $(\partial Y / \partial L)_{NNA} = (\beta_2 + \beta_5) Y L^{-1}$,其他地区劳动力边际产出为 $(\partial Y / \partial L)_{oth} = \beta_2 Y L^{-1}$。基于式(7.1)和式(7.2)劳动力边际产出的比较,一旦 $\beta_2 + \beta_5 > \alpha_2$,则推论 1 可以得到证明。

在式(7.2)中,假设 $\beta_5 = 0$,则国家级新区批设不再重新配置劳动力因素从而影响产出,此时劳动力在国家级新区所在地和其他地区形成新的均衡。事实上,在 $\beta_5 = 0$ 条件下,式(7.2)模型将演化成式(7.3)。由此,式(7.3)模型表示国家级新区批设导致劳动力转移和新均衡形成时的产出模型。基于式(7.3)模型的生产函数为 $Y = e^{\theta_0 + \theta_3 D} K^{\theta_1 + \theta_4 D} L^{\theta_2}$,其中劳动力的边际产出为 $\partial Y / \partial L = \theta_2 Y L^{-1}$。基于式(7.1)和式(7.3)模型中劳动力边际产出的比较,一旦 $\theta_2 > \alpha_2$,则推论 2 可以得到证明。

7.3.2 数据说明

基于式(7.1)~式(7.3)的模型,本章拟结合 1990~2015 年省级层面数据来阐释国家级新区批设视角下劳动力区际转移的效应问题。截至 2015 年底,中国批设了上海浦东新区、天津滨海新区、重庆两江新区等 16 个国家级新区,这些新区分属上海、天津等 16 个省或直辖市。① 按照这些国家级新区批设时间和所在地省份,可以比较容易地确

---

① 目前,中国共批设了 19 个国家级新区,但由于相关数据更新较慢,本章中分析的国家级新区数量以 2015 年底为准。

定国家级新区批设虚拟变量 D。

被解释变量 Y 采取 1990~2015 年我国的 31 个省（区、市）的实际 GDP 数据（亿元）。实际 GDP 通过各省（区、市）相应年份的名义 GDP 以及以 1990 年为基期的 GDP 平减指数计算得到。名义 GDP 数据通过各省（区、市）相应年份的统计年鉴获取，并结合《新中国 60 年统计资料汇编》《新中国 65 年统计资料汇编》补充数据默认值。解释变量 L 采取 1990~2015 年我国的 31 个省（区、市）的年末总人口数（万人），资料获取方式与名义 GDP 数据获取方式相同。

解释变量 K 采取 1990~2015 年我国的 31 个省（区、市）的资本存量数据（亿元）。资本存量主要依据永续盘存法计算。依据笔者的相关分析，[①] 本章将 1990 年不变价的全国资本存量（243017.12 亿元，1990 年）按照各省（区、市）全社会固定资产投资总额占全国的比重分配至各省（区、市），并作为相应省（区、市）1990 年的基年资本存量；各年新增资本存量数据以资本形成总额替代，并以 1990 年不变价的固定资产投资价格指数计算了新增资本存量的实际值；同时，设定资产折旧率为 11.28%。

7.3.3 参数估计结果及分析

基于模型相关数据的搜集和处理，本章估算了式（7.1）~式（7.3）的相关参数，如表 7.1 中第 2 列、第 3 列、第 5 列所示。由于在第 3 列和第 5 列估计结果中，国家级新区批设虚拟变量的参数估计结果并不能通过显著性水平为 5% 或者 10% 的假设检验，本章删除了该虚拟变量，并在保持交叉项条件下对式（7.2）和式（7.3）进行了重新估计，如表 7.1 中第 4 列和第 6 列所示。

---

① 范巧．永续盘存法细节设定与中国资本存量估算：1952~2009 年 [J]．云南财经大学学报，2012（3）：42-50.

表 7.1　　　　　模型参数估计结果及统计性质

变量及统计性质	式 (7.1)	式 (7.2)	式 (7.2) 修正模型	式 (7.3)	式 (7.3) 修正模型
常数项	-558.2095 (-7.615)**	-477.4254 (-6.376)**	-510.3307 (-7.186)**	-513.1199 (-6.837)**	-530.5714 (-7.428)**
ln (K)	0.310396 (55.294)**	0.306802 (50.376)**	0.306912 (50.370)**	0.303987 (49.780)**	0.304134 (49.842)**
ln (L)	0.080797 (4.173)**	0.068825 (3.533)**	0.074290 (3.893)**	0.083369 (4.315)**	0.086009 (4.527)**
D1	281.5663 (1.809)*	-324.3639 (-1.379)	—	-178.1926 (-0.760)	—
ln (K) ×D1	—	-0.043352 (-2.137)**	-0.050054 (-2.541)**	0.026966 (2.614)**	0.021086 (3.092)**
ln (L) ×D1	—	0.420348 (4.014)**	0.397966 (3.845)**	—	—
拟合优度	0.8896	0.8924	0.8924	0.8904	0.8905
F 统计量	2164.49	1337.45	1669.45	1636.89	2183.48
回归标准误	1097.53	1083.38	1083.99	1093.55	1093.27
对数似然值	-6784.32	-6772.86	-6773.82	-6780.89	-6781.18

注：*** 表示通过显著性水平为 1% 的假设检验；** 表示通过显著性水平为 5% 的假设检验，* 表示通过显著性水平为 10% 的假设检验。"—"表示无数据。

资料来源：笔者基于 EViews 9.0 软件的参数估计结果计算整理而得。

基于表 7.1 的参数估计结果，推论 7-1 和推论 7-2 可以得到论证。从式 (7.1) 和式 (7.2)、式 (7.3) 的初始估计结果参数比较来看，$\hat{\alpha}_2 = 0.0808$，$\hat{\beta}_2 + \hat{\beta}_5 = 0.4892$，以及 $\hat{\theta}_2 = 0.0834$。此时，$\hat{\beta}_2 + \hat{\beta}_5 > \hat{\alpha}_2$ 且 $\hat{\theta}_2 > \hat{\alpha}_2$，由此推论 7-1 和推论 7-2 是成立的。在考虑国家级新区批设虚拟变量对产出影响不显著的情况下，推论 7-1 和推论 7-2 同样成立。基于式 (7.2) 的修正模型的估计结果和式 (7.3) 的修正模型的估计结果，$\hat{\beta}_2 + \hat{\beta}_5 = 0.4723$，$\hat{\theta}_2 = 0.0860$，这两个估计结果也比 $\hat{\alpha}_2$ 要大。

事实上，在式 (7.2) 的修正模型条件和式 (7.3) 的修正模型条件下，7.3.1 小节的经验模型的分析结论将不会发生本质改变。式 (7.2) 的修正模型、式 (7.3) 的修正模型实际上是以乘法模式引入国家级新区批设虚拟变量。在将模型还原成生产函数时，这种引入方式只会影响虚拟变量 D，不会影响劳动力 L，由此，劳动力的边际产出表达式不会发生本质变化。由于式（7.2）的修正模型和式（7.3）的修正模型相对于式（7.2）、式（7.3）的初始估计模型而言，解释变量参数更为显著，而拟合优度、方程显著性、对数似然值等指标不会发生明显变化，后文的相关分析将直接采用修正模型的估计结果。

7.4 国家级新区的劳动力吸纳能力核定

基于图 7.1 的分析，国家级新区批设将导致劳动力在区际之间转移，这种转移将在国家级新区所在地和其他地区的劳动力边际产品价值相等时达到均衡。于是，在地区间最后一单位产品价格恒定的条件下，劳动力均衡的条件将由国家级新区所在地和其他地区劳动力的边际产出相等来决定（赵建新，1994；邱长溶和董栓成，2004）。结合式（7.1）和式（7.3）修正模型中劳动力边际产出的表达式，可以得到劳动力达到初始均衡的条件或新均衡时的条件，即 $\hat{\alpha}_2 Y_{NNA} L_{NNA}^{*-1} = \hat{\alpha}_2 Y_{Oth} L_{Oth}^{*-1}$，或 $\hat{\theta}_2 Y_{NNA} L_{NNA}^{*-1} = \hat{\theta}_2 Y_{Oth} L_{Oth}^{*-1}$。整理这两个条件可得 $L_{NNA}^*/L_{Oth}^* = Y_{NNA}/Y_{Oth}$。其中，$\hat{\alpha}_2$、$\hat{\theta}_2$ 为对应参数的估计值，L_{NNA}^*、L_{Oth}^* 分别为国家级新区所在地和其他省（区、市）的均衡劳动力，Y_{NNA}、Y_{Oth} 分别为国家级新区所在地和其他省（区、市）的 GDP。设 $L_{NNA}^* + L_{Oth}^* = \bar{L}$，$Y_{NNA} + Y_{Oth} = \bar{Y}$，则劳动力初始均衡和新均衡的条件，可以表示为如式（7.4）所示。

$$\frac{L_{NNA}^*}{L_{Oth}^* + L_{NNA}^*} = \frac{Y_{NNA}}{Y_{Oth} + Y_{NNA}} \Rightarrow L_{NNA}^* = \frac{Y_{NNA}}{\bar{Y}} \times \bar{L} \qquad (7.4)$$

按照式（7.4）的分析，国家级新区的均衡劳动力规模将取决于国家级新区 GDP 与分析区域 GDP 的比例，以及区域总人口数两部分。表 7.2 给出了以国家层面和国家级新区所在省市为分析区域条件下，上海浦东新区、天津滨海新区、重庆两江新区三大国家级新区的均衡劳动力规模。其中，2011~2015年，全国 GDP、总人口数来源于各省（区、市）统计年鉴，2016年的相应数据来源于2016年对应地区的国民经济和社会发展统计公报。2011~2015年，三大国家级新区的 GDP 数据来源于各自的国民经济和社会发展统计公报，2016年相应数据来源于《重庆两江新区统计信息月报》（2016.12）中"各新区主要经济指标比较（1~11月）"，并乘以1.091折算成年度值。

  从表7.2的分析结论来看，基于国家层面和国家级新区所在省（区、市）视角核定的国家级新区均衡劳动力规模大不相同。事实上，由于中国地域广阔，不同地区的经济发展和人口分布之间存在极大的差异。相比而言，单一省区市或直辖市内部经济发展和人口分布的分异性质要小一些。本章倾向于基于国家级新区所在省市视角来核定国家级新区的均衡劳动力规模。以此为依据，可以在国家级新区均衡劳动力规模基础上，扣除目前国家级新区的现有劳动力规模，从而测算国家级新区的劳动力吸纳能力。国家级新区现有劳动力规模主要依据国家级新区常住人口数与劳动力调整系数的乘积计算，其中，劳动力调整系数依据年末国家级新区所在省市就业人员数占其年末常住人口数的比例计算。表7.3给出了上海浦东新区、天津滨海新区、重庆两江新区三大国家级新区在2011~2016年的劳动力吸纳能力。其中，2011~2015年三大国家级新区的常住人口数来源于对应的国民经济和社会发展统计公报，2016年的常住人口数据来源于《重庆两江新区统计信息月报》（2016.12）；2011~2015年上海市、天津市和重庆市的年末常住人口数、年末就业人员数来源于《上海统计年鉴（2016）》《天津统计年鉴（2016）》《重庆统计年鉴（2016）》，其中，2011~2013年天津市就业人员数来源于《天津统计年鉴（2014）》；2016年，上海市、天津市、重庆市的年末常住人口数及2016年天津市年末就业人员数来源于对应直辖市2016年的国民经济和社会发展统计公报；2016年，上海市和重庆市就业人员数暂不能通过官方渠道获取，本章依据2011~2015年上海市和重庆市就业人员数的平均增长率，结合对应直辖市2015年就业人员数推算得到。

表7.2　不同视角下三大国家级新区均衡劳动力规模核定结果

年份	均衡劳动力规模：国家视角			均衡劳动力规模：所在省市视角		
	上海浦东新区	天津滨海新区	重庆两江新区	上海浦东新区	天津滨海新区	重庆两江新区
2011	1520.60	1720.61	344.68	670.68	743.80	362.53
2012	1484.20	1803.38	369.48	699.31	789.59	381.04
2013	1469.92	1828.17	376.10	713.79	817.48	383.35
2014	1502.65	1851.46	393.26	731.86	844.99	390.20
2015	1553.23	1823.03	397.33	759.23	867.15	387.84
2016	1535.12	1687.03	420.12	727.82	792.96	392.53

资料来源：据笔者测算和整理。

从2011~2016年三大国家级新区的平均劳动力吸纳能力来看，上海浦东新区达到435.38万人，天津滨海新区达到653.28万人，重庆两江新区达到256.43万人，占2011~2016年平均常住人口数的比例分别达到了80.81%、240.37%、113.91%。这说明，三大国家级新区吸纳劳动力转移的容量和空间还很广阔，其中，尤以天津滨海新区为甚。事实上，从三大国家级新区的面积来看，天津滨海新区（2270平方公里），远远大于上海浦东新区（1210.41平方公里）和重庆两江新区的面积（1200平方公里），这也给天津滨海新区吸纳劳动力转移带来了更为广阔的空间和更为宽松的环境。当然，这也从另一角度说明了天津滨海新区对劳动力转移的吸引能力不足。

表7.3　三大国家级新区的劳动力吸纳能力核定结果

国家级新区及劳动力吸纳能力		2011年	2012年	2013年	2014年	2015年	2016年
常住人口数	上海浦东新区	670.68	699.31	713.79	731.86	759.23	727.82
	天津滨海新区	743.80	789.59	817.48	844.99	867.15	792.96
	重庆两江新区	362.53	381.04	383.35	390.20	387.84	392.53
劳动力调整系数	上海浦东新区	0.4704	0.4686	0.4709[①]	0.5630	0.5637	0.5947
	天津滨海新区	0.5632	0.5683	0.5756	0.5783	0.5797	0.5777
	重庆两江新区	0.5430	0.5545	0.5668	0.5673	0.5659	0.5706

① 2011~2013年，上海浦东新区的劳动力调整系数计算结果与2014~2016年有较大差异，主要原因在于基于《上海统计年鉴（2014）》和《上海统计年鉴（2015）》获取的2013年上海市就业人员数有明显差异，且年鉴资料中并未对此做出解释。由此，本章为了分析口径的一致性和完备性，直接采用了《上海统计年鉴（2014）》给出的2011~2013年就业人员数据，这可能会影响分析结果的精准性。

续表

国家级新区及 劳动力吸纳能力		2011年	2012年	2013年	2014年	2015年	2016年
劳动力 吸纳能力	上海浦东新区	427.23	452.64	459.07	424.96	450.60	397.77
	天津滨海新区	603.98	645.43	665.73	683.82	699.37	621.38
	重庆两江新区	251.17	262.53	256.12	259.90	254.74	254.12

资料来源：笔者根据 Excel 2016 办公软件的计算结果整理而得。

7.5 国家级新区的人才发展战略

从本章分析来看，三大国家级新区的劳动力吸纳能力还很大，然而由于直辖市效应和国家级新区优惠政策的叠加，使三大国家级新区在劳动力转移政策制定上十分谨慎，其政策着力点多侧重于高层次人才的引进、扶持和激励上。目前，三大国家级新区的人才政策，主要有以下几个特征。

第一，在充分利用国家、直辖市的相关人才政策的基础上，各国家级新区均制定了各自的特殊人才政策。其中，上海浦东新区出台了《支持鼓励人才若干意见》等政策，天津滨海新区出台了《关于进一步集聚人才创新发展的若干措施》《高层次人才服务证制度暂行办法》等政策，重庆两江新区也出台了《引进高层次人才若干政策（试行）》等政策。

第二，人才政策多以优质硬件环境提供和资金支持为主，并以竞争性项目资金获取为辅。三大国家级新区的人才政策，基本上都包含了提供住房、为子女教育和配偶就业提供便利、提供安家和培训资金、定期健康体检和疗养以及税收减免或免除等优惠条件。部分国家级新区还提供了竞争性项目配套。如天津滨海新区出台了创新创业领军人才以及教育、金融、卫生、农业等行业高层次人才专项扶持政策，但这些专项扶持资金的获取需要经过竞争性申请才能获得批准。

第三，人才政策惠及人群的学历层次、职称级别和社会声望普遍很高，政策受益群体较小。三大国家级新区的人才政策多数针对院士、千人计划、国外终身教授等高层次人群，能够享受人才政策的受益群体相对较小。

立足于三大国家级新区比较广阔的劳动力吸纳容量，本章建议国家级新区人才政策取向未来可以向以下几方面适度倾斜。

第一，出台专门的中高层次人才政策，尤其是中高层次技能型、应用型人才政策，扩大人才政策受益面积，也为国家级新区经济社会发展提供适宜的中高层次人才。高层次人才由于可供选择的机会较多，导致引进成本相对较高；且高层次人才的地区忠实度又相对较低，导致高层次人才再迁徙风险相对也较高。因此，国家级新区在强调高层次人才引进的同时，应注重中高层次人才的引进和培养。

第二，人才政策在强化硬件环境和资金支持的基础上，适度向提供人才的优质软环境倾斜，包括提供优质人才服务、营造良好人才工作氛围与舆论环境、人才工作环境的国际衔接等。人才硬件环境和资金支持强调人才的"安居"，人才软环境更强调"乐业"，"安居"与"乐业"从来就不太可能完全分开。事实上，仅有少部分人才的迁徙会注重对资金的追求，多数更会强调事业发展前景、工作环境宽松度等软环境。

第三，更加注重经济发展和城市形象塑造，以国家级新区综合实力提高来强化对人才的吸纳能力和吸引能力，提升人才对地区的忠实度，降低人才再迁徙意愿。国家级新区只有依靠更高、更好的经济发展质量，更为开放、包容的发展态势、更为宽松、兼容的工作环境，才能吸引人才落地生根，安居乐业。

7.6 本章小结

本章构建了劳动力在国家级新区所在地与其他地区之间转移的理论逻辑，阐释了劳动力区际转移的理论效应。同时，基于柯布—道格拉斯生产函数形式构建了劳动力区际转移效应分析的三种经验模型，并结合1990~2015年省级层面的面板数据，考察了国家级新区批设后劳动力转移的产出效应。最后，本章还基于劳动力区际转移的均衡条件，核定了上海浦东新区、天津滨海新区和重庆两江新区的均衡劳动力和劳动力吸纳能力，得到了一些有意义的研究结论。整理如下：第一，国家级新区批设，不仅会使国家级新区所在地的劳动力边际产出提高，也会使全社会劳动力的边际产出提高。基于1990~2015年省级面板数据的经验分析，也佐证了这一结论。第二，基于均衡劳动力规模核定结果与现有劳动力规模的比较，上海浦东新区、天津滨海新区、重庆两江新区的平均劳动力吸纳能力分别为435.38万人、653.28万人和256.43万人，三大国家级新区吸纳劳动力转移的空间和容量仍十分广阔。

第 8 章

国家级新区创新扩散效应与创新发展战略

党的十九大报告指出,推动经济发展质量变革、效率变革、动力变革,提高全要素生产率。[①] 省域全要素生产率的提高,是增强省域经济创新力和竞争力的重要手段和保障。国家级新区是重构区域空间架构和区域权力结构的重要载体与平台,通过国家级新区的科学发展,实现对周边地区在城市拓展、产业发展、人口迁徙与创新扩散等方面的有效辐射带动,是国家级新区批设的主旨所在。对于创新扩散而言,国家级新区承载了许多重要的国家创新发展战略,多数国家级新区被定位为国际中心、区域中心或区域经济增长极,部分国家级新区还被直接定位为区域创新增长极,并被赋予了创新引领的特殊使命。其中,重庆两江新区被定位为长江上游地区的创新中心,大连金普新区被定位为自主创新先导区,长春新区被定位为创新经济发展示范区。评估国家级新区对省域全要素生产率变迁的影响效应,将是关系到国家级新区创新发展战略制定和创新政策实践的重要症结所在。

全要素生产率(total factor productivity,TFP)是生产活动在一定时间内的效率,一般在假定希克斯中性技术、规模报酬不变、资本和劳动两要素投入假设等基础上,其增长率通过计算柯布—道格拉斯生产函数条件下的产出增长率与要素投入增长率与投入份额乘积之差而得到(易

[①] 参见中华人民共和国中央人民政府网站,www.gov.cn/zhuanti/2017-10/27/Content_5234876.htm。

纲等，2003；张军和施少华，2003）。然而，资本和劳动两要素投入假设不太符合中国省域经济增长的现实，能源等要素在中国省域经济增长进程中发挥了重要作用；同时，国家级新区的批设，也将改变属地省市在区域治理架构中的地位和功能，从而会对周边地区经济增长产生重要影响。鉴于此，本章拟在资本、劳动和能源等三要素投入假设下核算省级全要素生产率，并结合动态的通用嵌套空间模型（general nested spatial model，GNSM），评估国家级新区对于省域全要素生产率变迁的影响效应。本章将对国家级新区对于省域全要素生产率变迁影响效应评估以及通用嵌套空间模型的动态设计、演化范式和模型优选等领域的创新研究具有积极意义。

本章主要包括以下几部分：第一部分，是对区域创新扩散相关研究的源起及近期研究脉络做一个综述性评论。第二部分，是省域全要素生产率核算方法和核算结果部分，主要结合索洛余值法，在资本、劳动和能源等三要素投入假设和柯布—道格拉斯生产函数条件下估算中国省级层面经济增长的经验模型，并确定人均资本、人均能源等要素投入份额，随后核算中国省域全要素生产率及其增长率。第三部分，是国家级新区对省域全要素生产率变迁的影响效应评估部分，主要结合动态的通用嵌套空间模型及其各自的演化模型参数估计结果和统计性质，优选影响效应评估的最适宜模型。同时，结合最适宜模型的个体固定效应、时期固定效应、双固定效应、随机效应等约束条件，考察影响效应评估模型估计结果的稳健性。第四部分，为结论与政策建议部分，主要阐释本章的研究结论与国家级新区的创新发展战略。

8.1 关于区域创新扩散研究的近期文献回顾

区域创新扩散是指创新随着时间推移而在空间传播、转移和推广的过程,① 是新知识、新技术、新制度与经济结合,从而推动经济活动发生变化的空间过程。② 按照扩散内容的不同,区域创新扩散包括,区域创新知识的扩散(孙耀吾和卫英平,2010)、区域技术创新或技术进步方向的扩散(Acemoglu,2002;金刚和沈坤荣,2016;潘文卿等,2017)及区域制度创新的扩散(郁建兴和黄飚,2015)等。按照创新要素集聚方式的不同,区域创新扩散又可以划分为部门关联型、技术联系型和松散型三种类型。其中,部门关联型创新扩散基于产业关联效应而产生,技术联系型创新扩散基于某项核心技术的使用而产生,松散型创新扩散基于宏观经济刺激或整体需求增加而产生。③

对创新扩散的研究,最初源于塔尔德(Tarde)的模仿定律④和熊彼特(Schumpeter)的创新模仿理论,⑤ 后经过英国派扩散学家、德奥派扩散学家的研究而得到强化。⑥ 近期相关研究主要围绕区域创新扩散的动力、区域创新扩散的影响因素、区域创新扩散的模式和特征、区域创新扩散的经济增长效应等方面展开。一般来说,区域创新扩散源自地区间政府竞争需要、区域产业或企业对超额利润的追求、企业文化及企业家精神的内部诱导,以及市场需求的外部激励等,⑦ 这些因素的综合作用导致了创新在区域间的扩散。区域创新扩散通常会受到来自地区经济规模和结构、社会结构以及区域政府行为等方面的影响。首先,区域城

---

① 刘璐. 区域技术创新扩散强度与效应研究——以京津冀和长三角地区为例[J]. 科学决策,2009(5):66-73.
② 蔡霞等. 社会网络环境下的创新扩散研究述评与展望[J]. 科学学与科学技术管理,2017,38(4):73-84.
③ 赵峰,魏成龙. 创新扩散、创新群集机理分析及应用[J]. 中国工业经济,2004(12):55-60.
④ Tarde G. The laws of imitation [M]. New York: Henny Holt and Company, 1903: 27-64.
⑤ Schumpeter J. A. The theory of economic development: An inquiry into profits, capital, credit, interest, and the business cycle [M]. Cambridge: Harvard University Press, 1961: 57-94.
⑥ 埃弗雷特·M. 罗杰斯. 创新的扩散(第四版)[M]. 辛欣译. 北京:中央编译出版社,2002:34-86.
⑦ 张建民. 中国区域技术创新能力差异研究[M]. 昆明:云南大学出版社,2010:49-55.

市体系中城市间不同的功能和规模,将形成不同城市之间创新能力的位势差,从而诱发区域间的创新扩散。[①] 其次,区域市场结构、产业结构、资源结构等的同质性、异质性会在一定程度上促进或抑制区域之间创新的扩散。[②] 政府的环境规制政策也会影响区域创新扩散的强度和规模(Lakhani,1975;McCain,1978)。同时,区域社会网络结构,如社会系统中的网络节点、连接方式及网络拓扑结构等,也会影响区域创新扩散的鲁棒性和脆弱性。[③]

区域创新扩散通常会呈现出空间近邻性与距离衰减性,按空间等级进行扩散(仇怡,2009)、受到多普勒效应与惠更斯—菲涅尔效应的综合作用,以及扩散过程具有内生性、不规则性和不可逆性(刘茂长和李柏洲,2012)等特征。常见的区域创新扩散模式包括波浪式的空间扩散模式(Morrill,1968)、S形曲线式的巴斯扩散模式(Mansfield,1961;Bass,1969;Fisher and Pry,1970)、种群演化式扩散模式(Loch and Huberman,1999)、元胞自动机式扩散模式(Goldenberg and Efroni,2001)等。区域创新通常不会直接导致区域经济增长,但知识、技术或制度的创新,往往会通过政府间行为模仿,以及产业、行业和企业之间的业务协作或战略联盟,实现创新在空间之中的有效转移,在企业层面形成规模效应,在行业层面或产业层面形成乘数效应,在地区层面形成集聚效应和增长极效应,从而促进区域经济增长。[④] 区域经济增长反过来也会实现对区域创新的反哺,从而促进创新在区域间的进一步扩散。

国家级新区是由国务院批准设立的,以地方政府行政区,以及海关特殊监管区域、城市发展新区等经济功能区为基础,承担国家重大战略的国家级功能性平台。相比行政系统内的行政区划调整,以及经济系统

[①] 程开明. 城市体系中创新扩散的空间特征研究 [J]. 科学学研究, 2010, 28 (5): 793-799.

[②] 洪后其. 影响我国技术创新扩散的结构因素 [J]. 管理世界, 1991 (1): 190-193.

[③] 何铮, 张晓军. 集群创新扩散的鲁棒性和脆弱性 [J]. 系统管理学报, 2011, 20 (6): 682-689.

[④] 毛健等. 科技创新与经济可持续发展 [M]. 北京: 经济科学出版社, 2012: 35-42.

内的经济功能区单纯设立而言,国家级新区批设是一种制度上的创新。这种制度创新往往会通过先行先试的权利获得、优惠的财税政策安排以及特殊的用地指标计划等,实现产业或企业、政府机构的大规模连续性集聚,这种地理上的空间集聚既可能带来知识、技术上的创新,也可能带来技术进步的新方向或制度创新。事实上,国家级新区从批设之日起就承载了区域创新领头羊的重要作用,通过国家级新区的创新综合体打造,实现对区域创新的有效扩散是国家级新区设立的重要战略目标之一。尽管国家级新区的创新扩散具有如此重要的战略意义,然而,这一问题并未引起学术界的足够重视。目前,尚未有涉及国家级新区的创新综合体打造、创新扩散效应评估和创新扩散机制建设等问题的研究。本章拟将国家级新区作为知识、技术、制度创新的综合体,综合考察这一创新综合体对属地省市及周边省区市的创新扩散效应,尤其是对周边地区全要素生产率的影响,将为相关领域研究起到抛砖引玉的作用。

8.2 省域全要素生产率的核算方法与核算结果

全要素生产率是经济增长源泉分解中一个十分重要的因素,主要衡量产出要素与投入要素的一定比例关系。在新古典增长理论框架下,全要素生产率体现为外生的、希克斯中性的技术进步。[1] 全要素生产率的核算方法主要包括增长会计核算法、非参数 DEA 方法和参数核算法等三类方法(鲁晓东和连玉君,2012;余泳泽,2017),而参数核算法又包括随机前沿分析和索洛余值分析等两小类(Kumbhakar and Lovell,2000;Ackerberg and Benkard,2007)。相比较而言,增长会计核算法比

---

[1] Solow R. M. Technical change and the aggregate production function [J]. The Review of Economics and Statistics, 1957, 39 (3): 312–320.

较简单,但其精准性相对也要差一些;非参数 DEA 方法一般与马姆奎斯特(Malmquist)指数、龙伯格(Luenberger)指数、ISP 指数等结合使用以提高精准性(Chambers et al.,1996;Chang et al.,2012)。然而,也存在不能较好地处理非期望产出、仅限于产出或投入某一方面的变化、无法进行模型的适宜性比较等缺陷。随机前沿分析方法则会受到预设函数为线性形式,以及预设分布为正态分布或半正态分布等条件的限制。基于索洛余值法测算全要素生产率比较流行,最关键的步骤在于通过科学设定生产函数以及合理选择经济增长的影响要素来估计经济增长的经验模型,以此确定要素的投入份额。本节拟基于如式(8.1)所示的生产函数,来估计中国省级层面经济增长的经验模型。

$$Y = AK^{\alpha}L^{\beta}E^{\gamma} \tag{8.1}$$

在式(8.1)中,Y、A、K、L、E 分别为产出、技术、资本、劳动和能源消费,α、β、γ 为外生参数,其中,α + β + γ = 1。此时,将 β = 1 - (α + γ) 代入式(8.1)整理,并在等式两边取对数,可得式(8.2)。

$$\ln(Y/L) = \ln(A) + \alpha\ln(K/L) + \gamma\ln(E/L) \tag{8.2}$$

在式(8.2)中,Y、A、K、L、E 会随着时间的变动而变动,此时,可以对式(8.2)的时变函数关于时间 t 求导并整理,可得全要素生产率及其增长率的计算公式,分别如式(8.3)、式(8.4)所示。

$$tfp = (Y/L)/[(K/L)^{\alpha}(E/L)^{\gamma}] \tag{8.3}$$

$$Rtfp = \frac{\dot{y}}{y} - \left(\alpha \times \frac{\dot{k}}{k} + \gamma \times \frac{\dot{e}}{e}\right) \tag{8.4}$$

在式(8.3)、式(8.4)中,y、k、e 分别为人均产出、人均资本和人均能源消费。$\dot{\Theta}$ 为一阶导数,Θ = y、k、e。tfp、Rtfp 分别为全要素生产率及其增长率。

基于式(8.2)可以估算资本要素投入份额和能源要素投入份额,结果如式(8.5)所示。数据说明如下:

(1)产出、人口、资本和能源分别采用支出法 GDP(亿元)、年末总人口数(万人)、资本存量(亿元)和能源消费总量(万吨标准煤),截面为中国的 31 个省区市,时间周期为 1990~2016 年,即 N=31,T=27。

(2)支出法 GDP、年末总人口数基于国家统计局网站→数据查询→分省区市年度数据,以及《新中国 65 年统计资料汇编》获取,支出法 GDP 基于 1990 年不变价 GDP 平减指数计算实际值。

(3)资本存量基于永续盘存法计算,相关方法作者曾专文介绍。其中,资产折旧率取 11.28%,新增资本存量序列采用资本形成总额数据;各省区市 1990 年资本存量按照各省区市全社会固定资产投资总额占全国的份额,对 1990 年中国资本存量实际值在各省区市间进行分配;各年新增的资本形成总额数据,依据 1990 年不变价的固定资产投资价格指数折算成实际值。

(4)各省区市能源消费总量数据依据 1997~2017 年《中国能源统计年鉴》《新中国 60 年统计资料汇编》等获取主要数据。因西藏自治区的能源消费总量数据缺失,依据历年全国能源消费总量和西藏自治区的支出法 GDP 占全国的比例进行折算,其中,全国能源消费总量数据来源于国家统计局网站、《新中国 60 年统计资料汇编》及《中国能源统计年鉴》(2017)。1992~1994 年,上海、山东、湖南、四川能源消费总量的数据缺失,依据相应地区 1991 年数据,及 1991~1995 年的年均增长率进行折算。

$$\ln(Y/L) = -1.4222 + 0.5551 \times \ln(K/L) + 0.5840 \times \ln(E/L)$$
$$T = (-67.95)^{***} \quad (18.41)^{***} \quad (18.64)^{***}$$
$$\text{Prob}(T) = (0.0000) \quad (0.0000) \quad (0.0000)$$
$$\tilde{R}^2 = 0.7630 \quad \hat{\sigma}^2 = 0.1732 \quad \text{Log\_Likelihood} = -452.47 \quad (8.5)$$

在式(8.5)中,修正的拟合优度值较大,变量能够通过显著性水平为 1% 的假设检验,模型统计性质较为优良。此时,人均资本投入份额和人均能源投入份额分别为 0.5551 和 0.5840。由此,基于式(8.3)和式(8.4)可以计算 1991~2016 年中国省级层面的全要素生产率及其增长率。

图 8.1 给出了 1991~2016 年我国的 31 个省（区、市）全要素生产率的均值及其与全国平均水平的比较；从图 8.1 中可以看出，北京、上海等 17 个省市的全要素生产率高于全国平均水平，其中，有 11 个来自国家级新区的属地省市，包括上海、江苏、浙江、福建、江西、山东、湖南、广东、重庆、四川、云南，占比达到 64.71%。同时，在 1990~2016 年，批设国家级新区的 18 个属地省市（截至 2016 年底）的全要素生产率均值为 0.2848，高于未批设国家级新区省市的全要素生产率均值（0.2398）。这说明，国家级新区大多批设在全要素生产率较高的省市。

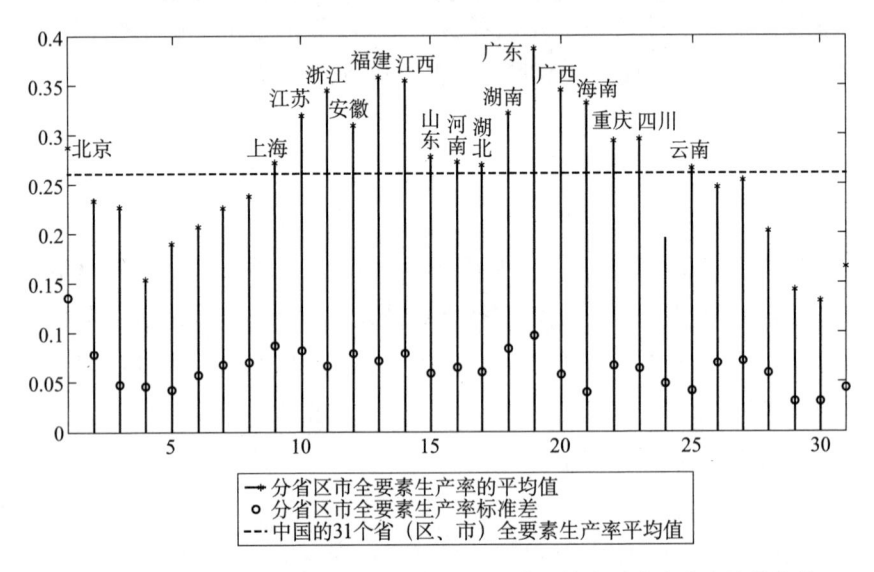

图 8.1　1991~2016 年中国的 31 个省（区、市）的全要素生产率均值比较

注：本图仅对中国的 31 个省（区、市）中全要素生产率高于平均值的省（区、市）标明名称。

资料来源：笔者基于 MATLAB R2018a 软件编程的输出结果绘制。

图 8.2 给出了 18 个国家级新区批设前后属地省市的全要素生产率均值比较情况。从图 8.2 中可以看出，除了批设国家级新区较早的属地省市（上海市和天津市）在国家级新区批设之后全要素生产率均值有

所提高外,其他属地省市在国家级新区批设之后全要素生产率均值均有所降低。这似乎会得到一种并不合情理的结论,即国家级新区不会导致属地省市全要素生产率的提升。然而,按照国家级新区批设的政策意图,国家级新区作为国际中心或区域中心、区域经济增长极或区域创新增长极,将通过以下三方面促进区域创新发展和技术进步。

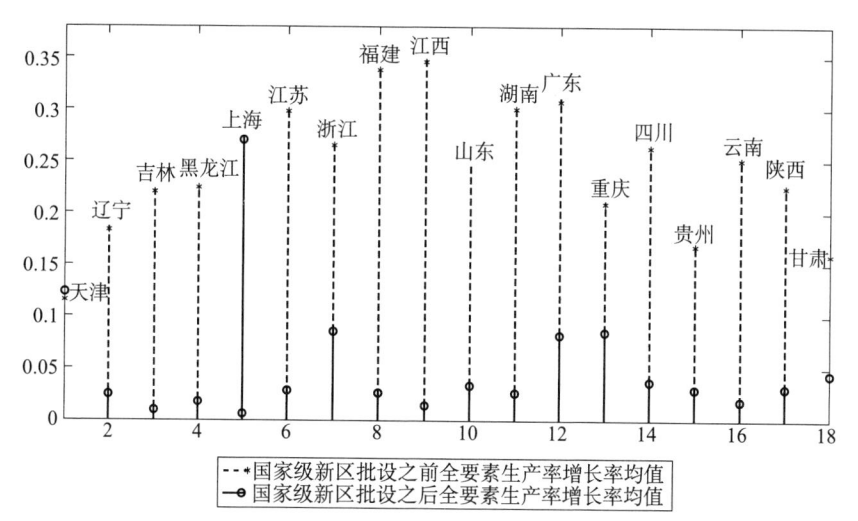

图 8.2 国家级新区批设前后属地省市全要素生产率的均值比较

注:①因为上海浦东新区批设较早,所以国家级新区批设之前上海市全要素生产率均值较低。此时,全要素生产率均值仅能在同一省区市内进行比较,但不能在不同省区市之间进行比较,毕竟不同省区市全要素生产率均值计算的时间周期不统一。②因本图中数据的截止时间为2016年,河北雄安新区批设于2017年4月,所以图中没有标明河北雄安新区属地河北省。

资料来源:笔者基于MATLAB R2018a软件编程的输出结果绘制而得。

第一,国家级新区作为承载国家发展战略的重要平台,将先实现对属地省市优势产业和其他创新主体的地理集中,形成创新要素集聚的规模效应,促进创新发展。

第二,国家级新区还将通过招商引资、引智等形式,实现对周边省区市的优势产业和其他创新主体的转移吸纳,形成创新要素集聚的转移效应,从而为区域创新发展输入新鲜血液。

第三,国家级新区作为国家赋予特殊优惠政策和先行先试特权的特殊功能性平台，将通过制度创新获得先行先试红利，形成创新要素集聚发展的创造效应，为区域创新发展营造有利的制度环境。

由此，准确评估国家级新区是否导致了全要素生产率增长率的显著变化，将是关系到国家级新区创新政策推动和创新绩效评估的关键问题。

8.3 国家级新区创新扩散效应评估模型及评估结论

8.3.1 模型设定及其演化范式

评估国家级新区的创新是否实现了有效的扩散，实际上就是评估国家级新区的建设和运行是否对省域全要素生产率变迁产生了显著影响效应。依据国家级新区批设的政策意图，本文提出了如下假说：国家级新区将促进地区创新发展，从而能够促成省域全要素生产率增长率的显著提升。一般而言，全要素生产率通常会受到宏观层面的 R&D 经费投入、人力资本积累和创新的体制机制，微观层面的企业技术效率，以及中观层面的结构转换能力等因素的影响；[1] 同时，全要素生产率也通常会存在空间溢出效应。[2] 因此，本节拟结合空间计量模型的一般式——通用嵌套空间模型及其动态设定，来评估国家级新区与省域全要素生产率增长率之间的关系。如式（8.6）所示。

$$Rtfp = \alpha_1 + \rho_1[TW_1 \times Rtfp] + \beta_{1,0}Rtfp_{-1} + \theta_{1,0}[TW_1 \times Rtfp_{-1}] + \beta_{1,1}RDLa$$
$$\beta_{1,2}RDPIn + \beta_{1,3}Patent + \beta_{1,4}TeMar + \beta_{1,5}NNA + \theta_{1,1}[TW_1 \times RDLa]$$
$$+ \theta_{1,2}[TW_1 \times RDPIn] + \theta_{1,3}[TW_1 \times Patent] + \theta_{1,4}[TW_1 \times TeMar]$$

---

[1] 李平. 提升全要素生产率的路径及影响因素——增长核算与前沿面分解视角的梳理分析 [J]. 管理世界, 2016 (9): 1-11.

[2] LeSage J. P., Pace R. K. Introduction to spatial econometrics [M], New York: CRC Press Taylor & Francis Group, 2009: 1-20.

[3] Elhorst J. P. Spatial econometrics: from cross-sectional data to spatial panels [M], Heidelberg, New York, Dordrecht, London: Springer, 2014: 8-10.

$$+ \theta_{1,5}[TW_1 \times NNA] + \psi_1^i + \varphi_1^t + \mu_1 \qquad (8.6a)$$

$$\mu_1 = \lambda_1(TW \times \mu_1) + \varepsilon_1 \qquad (8.6b)$$

在式（8.6）中，Rtfp、Rtfp$_{-1}$分别为全要素生产率环比增长率及滞后一期的全要素生产率环比增长率。RDLa、RDPIn、Patent、TeMar 为控制性解释变量，分别为研究与试验发展人员全时当量、研究与试验发展人员人均 R&D 经费投入、国内三种专利申请受理量、技术市场成交总额。这些变量分别表征了宏观层面的人力投入、经费投入，以及微观层面的企业技术效率和中观层面的结构转换能力。NNA 为核心解释变量，指国家级新区批设的组合虚拟变量，表征宏观层面的创新体制机制，其取值为 NNA = $(D_1 - \overline{D_1}) \odot (D_2 - \overline{D_2})$。其中，$D_1$ 为组别虚拟变量，其取值原则如下：在分析周期内，某省市批设了国家级新区，则 $D_1 = 1$；某省区市未批设国家级新区则 $D_1 = 0$。D_2 为事件发生虚拟变量，其取值原则为：在分析周期内，某省市批设国家级新区当年及之后各年，则 $D_2 = 1$；某省市批设国家级新区之前各年，则 $D_2 = 0$。$\overline{D_1}$、$\overline{D_2}$ 分别为 D_1、D_2 的均值，$\odot$ 为元素积符号。

在式（8.6）中，α_1、ρ_1、$\beta_{1,\vartheta}$、$\theta_{1,\vartheta}$、λ_1 分别为变量的外生参数，其中，$\vartheta = 0, 1, \cdots, 5$。$\psi_1^i$、$\varphi_1^t$ 分别为个体效应和时期效应。μ_1、ε_1 为随机扰动项，其中，ε_1 服从零均值、同方差、独立同分布的多元正态分布；μ_1 的分布形式由式（8.6b）决定。TW_1 为时空权重矩阵，其构造方式如下：初始空间权重矩阵基于省会级城市间公路里程数的倒数而设定；初始时间权重矩阵基于杜比（Dubé）的方法构建，其下三角矩阵元素全部为 1；在对初始空间权重矩阵和初始时间权重矩阵进行了和为 1 的标准化处理后，基于标准化的时间权重矩阵和空间权重矩阵的克罗内克积，构建外生的时空权重矩阵。[1]

---

[1] Dubé J. et al. A spatial difference – in – differences estimator to evaluate the effect of change in public mass transit systems on house prices [J], Transportation Research Part B: Methodological, 2014 (64): 24–40.

基于式（8.6），可以在总体参数的不同假设下得到不同的演化模型。当 $\beta_{1,0}=0$、$\vartheta_{1,0}=0$ 时，动态的通用嵌套空间模型转化为通用嵌套空间模型。在通用嵌套空间模型的基础上，当 $\psi_1^i \neq 0$ 时，模型具有个体固定效应，此时，一旦 ψ_1^i 与解释变量无关，则模型具有个体随机效应；当 $\varphi_1^t \neq 0$ 时，模型具有时期固定效应；当 $\psi_1^i \neq 0$ 且 $\varphi_1^t \neq 0$ 时，模型具有个体固定效应和时期固定效应；当 $\psi_1^i = 0$ 且 $\varphi_1^t = 0$ 时，模型转化为混合效应模型。在 $\beta_{1,0}=0$、$\vartheta_{1,0}=0$、$\psi_1^i=0$ 且 $\varphi_1^t=0$ 条件下，通用嵌套空间模型仍可以继续转化。当 $\lambda_1=0$ 时，则模型转化为空间杜宾模型（SDM）；当 $\lambda_1 \neq 0$ 时，通用嵌套空间模型可以转化为空间杜宾误差模型（SDEM）和空间自相关模型（SAC），其转化条件分别为 $\rho_1=0$ 和 $\theta_{1,\vartheta}=0$。在 $\beta_{1,0}=0$、$\vartheta_{1,0}=0$、$\psi_1^i=0$、$\varphi_1^t=0$、$\lambda_1=0$ 条件下，当 $\rho_1=0$ 时，模型转化为空间 X 滞后模型（SXL）；当 $\theta_{1,\vartheta}=0$ 时，空间杜宾模型转化为空间自回归模型（SAR）。在 $\beta_{1,0}=0$、$\vartheta_{1,0}=0$、$\psi_1^i=0$、$\varphi_1^t=0$、$\rho_1=0$、$\theta_{1,\vartheta}=0$、$\lambda_1 \neq 0$ 的条件下，通用嵌套空间模型转化为空间误差模型（SEM）。总的来说，动态的通用嵌套空间模型实际上囊括了目前学界流行的所有模型，因而更具优越性。

8.3.2 数据说明、模型估计结果及稳健性

基于式（8.6a）和式（8.6b），可以评估国家级新区对省域全要素生产率变迁的影响，估计方法采用极大似然法，程序编写及运行基于 MATLAB R2018a 软件进行。数据说明如下：

（1）全要素生产率增长率及滞后项直接来源于前文核算结果，由此决定了截面数为 31 个省区市，时间周期为 1991～2016 年，即 $N_1=31$，$T_1=26$。

（2）截至 2016 年底，中国批设了 18 个国家级新区（未包含河北雄安新区），依据各自的属地省市和批设时间，可以分别确定 D_1、D_2，由

此确定 NNA。

（3）R&D 人员全时当量的主体数据来源于《中国科技统计年鉴》1991~2017 年。其中，1991~2008 年，数据为全社会口径科技活动人员总数，2009~2016 年，为各地区 R&D 人员全时当量；对 1993~2008 年全社会口径科技活动人员总数，依据 2002 年科技活动人员总数与各地区 R&D 人员全时当量的比例折算为各地区 R&D 人员全时当量。

（4）R&D 人员经费投入（亿元）主体数据来源于《中国科技统计年鉴》1991~2017 年，并依据 R&D 人员全时当量折算成 R&D 人均经费投入。其中，R&D 人员经费投入数据采用了各地区科技活动单位科技活动经费使用额（1990~1999 年）、各地区科技活动内部经费支出（2000~2008 年）、各地区 R&D 内部经费支出（2009~2016 年）。1990~1999 年，各地区科技活动单位科技活动经费使用额和 2000~2008 年各地区科技活动内部经费支出，需要依据 2002 年各地区 R&D 内部经费支出与科技活动内部经费支出的比例，折算为各地区 R&D 内部经费支出。

（5）国内三种专利申请受理量（万项）主体数据来源于国家统计局网站—数据查询—分省（区、市）年度数据—国内三种专利申请受理量。

（6）技术市场成交总额（亿元）的主体数据，通过国家统计局网站、《新中国 60 年统计资料汇编》《新中国 65 年统计资料汇编》获取。部分省区市缺失数据处理方式如下：西藏自治区 1990~1992 年、1994~2016 年数据基于如下公式计算：1993 年西藏自治区技术市场成交总额×各年份云南、四川、青海和新疆四个邻近省区技术市场成交总额平均值/1993 年云南、四川、青海和新疆四个邻近省区技术市场成交总额平均值。1990 年、1991 年、1992 年贵州省技术市场成交总额分别以 1991~1995 年、1992~1996 年和 1993~1997 年贵州省技术市场成交总额的平均值替代。1994 年、1995 年海南技术市场成交总额分别以

1995~1999年、1996~2000年海南技术市场成交总额的平均值替代。

(7) 1990~1996年重庆市和四川省的R&D人员全时当量、R&D人员经费投入、国内三种专利申请受理量、技术市场成交总额数据缺失。依据1997年重庆市和四川省对应数据的比例关系，将1990~1996年四川省的相应数据，在重庆和四川之间进行分配。

(8) 为了消除量纲的影响，利用公式$[\nabla - @\text{Min}(\nabla)]/[@\text{Max}(\nabla) - @\text{Min}(\nabla)]$对除组合虚拟变量NNA以外的其他所有变量进行无量纲处理。∇指任意数据序列，$@\text{Max}(\cdot)$、$@\text{Min}(\cdot)$分别指数据序列的最大值和最小值。

基于式（8.6）和相关数据，本节先基于全要素生产率增长率及控制性解释变量，估算了非空间计量模型下的参数估计结果，如表8.1第2列所示。结论显示：国内三种专利申请受理量对全要素生产率增长率不产生显著的影响，究其原因，本节认为，专利申请受理量是技术变迁的一个结果性表征，无论专利申请与否，其科学研究和技术进步都是实际存在的。基于表8.1第2列的结论，本节删除了国内三种专利申请受理量因素，并建立非空间计量模型，估计结果如表8.1第3列所示。第3列的结果相比第2列而言，统计性质明显好转，解释变量的显著性均能通过假设检验。不过，此时似乎有一个不同寻常的现象，即R&D人均经费投入对全要素生产率增长率的影响效应显著为负。本节认为，可能的原因在于：技术进步主要取决于研究与发展人员的智力投入；1991~2016年，中国省域全要素生产率比较低，技术进步对经济增长的影响效应尚较低，此时，R&D人均经费投入将对R&D人员的智力投入产生较为明显的挤出效应。

从表8.1第3列的非空间计量模型估计结果出发，本节还基于混合效应模型视角，估算了SXL、SAR、SEM、SAC、SDM、SDEM、GNSM等空间计量模型框架下的参数估计结果和统计性质。基于变量显著、拟合优度高、随机误差项方差估计值小等判定准则，本节认为，空间自回

表 8.1 混合效应视角下全要素生产率影响因素分解模型参数估计结果及统计性质

变量及统计性质	NSM（包含滞后项）	NSM（剔除非显著项）	SXL	SAR	SEM	SAC	SDM	SDEM	GNSM
常数项	0.4602 (22.52)***	0.4627 (22.73)***	0.5752 (2.26)**	-0.1172 (-6.07)***	-0.2360 (-2.14)**	-0.2287 (-0.81)	0.4091 (1.62)	0.6031 (2.29)**	0.4860 (1.48)
Rtfp$_{-1}$	0.2532 (7.85)***	0.2549 (7.90)***	0.1181 (3.53)***	0.1770 (5.79)***	0.1898 (5.82)***	0.1458 (4.59)***	0.1132 (3.43)***	0.1114 (3.37)***	0.1085 (3.29)***
RDLa	0.1609 (2.30)**	0.0804 (2.45)**	0.0864 (2.76)***	0.0726 (2.33)**	0.0573 (1.81)*	0.0587 (1.90)*	0.0810 (2.63)***	0.0862 (2.80)***	0.08194 (2.64)***
RDPln	-0.3048 (-11.53)***	-0.3067 (-11.61)***	0.0278 (0.58)	-0.1244 (-4.96)***	-0.1937 (-6.24)***	-0.0652 (-2.09)**	0.0326 (0.69)	0.0422 (0.89)	0.0434 (0.91)
Patent	-0.1054 (-1.30)	—	—	—	—	—	—	—	—
TeMar	0.2442 (3.98)***	0.2535 (4.16)***	0.1381 (2.23)**	0.1642 (2.84)***	0.1930 (3.28)***	0.1352 (2.35)**	0.1304 (2.13)**	0.1301 (2.11)**	0.1262 (2.05)**
TW × Rtfp$_{-1}$	—	—	-0.1353 (-0.33)	—	—	—	-0.6849 (-1.71)*	-0.2587 (-0.61)	-0.7171 (-1.66)*
TW × RDLa	—	—	2.3669 (4.63)***	—	—	—	2.2114 (4.38)***	2.1671 (4.23)***	2.1442 (4.14)***
TW × RDPln	—	—	-1.6163 (-4.4)***	—	—	—	-1.4518 (-4.00)***	-1.5444 (-4.17)***	-1.4583 (-3.65)***

续表

变量及统计性质	NSM(包含滞后项)	NSM(剔除非显著项)	SXL	SAR	SEM	SAC	SDM	SDEM	GNSM
TW×TeMar	—	—	-0.7756 (-0.64)	—	—	—	-0.9942 (-0.83)	-0.9700 (-0.80)	-1.1332 (-0.93)
ρ_1	—	—	—	0.9606 (115.95)***	—	0.9195 (5.60)***	0.7991 (13.61)***	—	0.6814 (1.24)
λ_1	—	—	—	—	0.9504 (88.71)***	0.8589 (2.62)***	—	0.7621 (10.34)***	0.5889 (0.77)
拟合优度修正值	0.3743	0.3737	0.4463	0.4335	0.4130	0.4427	0.4546	0.4537	0.4570
对数似然值	-382.68	-398.47	-394.26	686.35	672.81	691.74	704.86	704.38	706.5
随机扰动项方差估计值	0.0110	0.0110	0.0097	0.0099	0.0102	0.0097	0.0095	0.0095	0.0094

注：括号内为T统计量，***、**、*分别表示通过显著性水平为1%、5%和10%的假设检验。"—"表示无数据。

资料来源：笔者根据MATLAB R2018a软件的参数估计结果计算整理而得。

归模型（SAR）更适合进行全要素生产率增长率及其核心解释变量之间的建模。此时，被解释变量的空间相关性是存在的，这由 $\rho_1 = 0.9606$ 决定，即邻近地区全要素生产率增长率对本地全要素生产率增长率有正的刺激效应。这是由创新的空间集聚决定的。

基于混合效应视角下的空间自回归模型，本节添加了国家级新区的组合虚拟变量，该变量的设计形式实际上是进行了双重差分处理。在添加组合虚拟变量的条件下，本节分别估算了混合效应下空间自回归模型的参数估计结果和统计性质，并以个体固定效应、时期固定效应、个体和时期双固定效应，以及随机效应等约束条件下空间自回归模型转换来考察估计结果的稳健性。结果如表 8.2 所示。

表 8.2　国家级新区对全要素生产率变迁影响效应评估模型估计结果及统计性质

变量及统计性质	混合效应 SAR	个体固定效应 SAR	时期固定效应 SAR	双固定效应 SAR	随机效应 SAR
常数项	-0.1145 (-5.85)***	—	—	—	—
$Rtfp_{-1}$	0.1742 (5.64)***	0.0932 (2.97)***	0.1250 (4.73)***	0.0694 (2.33)**	0.1041 (3.54)***
RDLa	0.0710 (2.28)**	0.0733 (2.10)**	0.0455 (1.14)	0.0064 (0.44)	0.0733 (2.07)**
RDPIn	-0.1311 (-4.87)***	0.0551 (1.56)	-0.1717 (-6.91)***	0.0207 (0.67)	0.0117 (0.34)
TeMar	0.1671 (2.88)***	0.0923 (1.36)	0.0988 (1.47)	0.0671 (1.00)	0.1237 (1.82)**
NNA	0.0213 (0.66)	0.0025 (0.06)	0.0063 (0.16)	-0.0166 (-0.34)	0.0089 (0.23)
ρ_1	0.9600 (113.97)***	0.8130 (24.05)***	0.8308 (24.46)***	0.8725 (31.17)***	0.8141 (22.89)***
拟合优度修正值	0.4330	0.0294	0.4268	-0.0178	0.0462
对数似然值	686.57	606.38	694.67	607.21	593.98
随机扰动项方差估计值	0.0099	0.0122	0.0097	0.0122	0.0126

注：括号内为 T 统计量，***、**、* 分别表示通过显著性水平为 1%、5% 和 10% 的假设检验。"—"表示无数据。

资料来源：笔者根据 MATLAB R2018a 软件的参数估计结果计算整理而得。

从表 8.2 来看，在混合效应模型、个体固定效应模型、时期固定效应模型和随机效应模型下,组合虚拟变量的参数估计值为正;而在个体和时期均固定的双固定效应下,组合虚拟变量的参数估计值为负。此时,如果按照空间计量分析框架下模型参数效应的分解式,需要结合 $(I_{806 \times 806} - \hat{\rho} \times TW_1) \times \hat{\beta}_{1,5}$ 来综合分析,则组合虚拟变量的参数效应是不确定的。但有一点可以确定,即组合虚拟变量的参数效应不显著。因此,本节认为,国家级新区并未对省域全要素生产率增长率变迁产生显著影响。

8.4 国家级新区的创新发展战略

鉴于国家级新区并未对省域全要素生产率增长率变迁产生明显的影响效应的现实,本书建议从以下几方面入手,强化国家级新区的创新扩散,从而对省域全要素生产率变迁产生显著影响。

(1) 将国家级新区创新的区域扩散及周边地区有效承接国家级新区创新扩散等纳入属地省市或更高层面的发展规划之中。同时,将国家级新区的创新扩散绩效纳入国家级新区治理机构及周边行政区的政绩考核体系中。

(2) 加大国家级新区与自由贸易试验区、综合配套改革试验区等国家级功能性平台创新政策的综合利用和创新资源的整合,有效地吸引周边产业、企业、资本、人才的创新聚集,打造国家级新区成为新时期创新发展的高效综合体。

(3) 探索构建省域范围内一体化发展的要素市场,确保实现国家级新区与周边行政区之间知识创新、技术创新等的科学流动。

(4) 依托国家级新区的各类开发区、功能性园区和基地,培育战略性新兴产业和高新技术产业集群,开展重大项目创新研究和成果转化,为国家级新区创新的有效扩散打下坚实基础。

(5) 构建国家级新区与周边地区创新发展和融合的定期磋商机制,

以联席会议、战略联盟、协同创新园区等形式，推进国家级新区建设与发展中重大研究、技术创新、科学管理方式和运作模式等创新信息，实现与周边地区的有效对接。

8.5 本章小结

本章基于柯布—道格拉斯生产函数及资本、劳动、能源等三要素投入假设，先计算了1991~2016年我国的31个省区市全要素生产率及其增长率；随后，基于动态的通用嵌套空间模型，评估了国家级新区的创新扩散效应，得到了一些有意义的研究结论。整理如下：

（1）基于索洛余值法的全要素生产率及其增长率核定，最关键的步骤在于，通过合理设定经济增长模型及合理选择投入要素，科学地估算要素投入份额。

（2）国家级新区一般批设在全要素生产率比较高的省市。然而，国家级新区批设后，部分属地省市全要素生产率有降低的现象。其原因可能在于，国家级新区的建设和发展对属地省市原有的发展格局具有一定的挤出效应。

（3）基于模型参数估计结果的统计性质优良性及模型选择的假设检验原理，动态的通用嵌套空间模型的演化模型——空间自回归模型，在评估国家级新区对省域全要素生产率变迁的影响效应中更为科学。

（4）基于混合效应空间自回归模型估计结果，结合个体固定效应、时期固定效应、双固定效应及随机效应等约束条件下模型估计结果的稳健性考察，国家级新区对省域全要素生产率变迁尚未产生显著的影响效应，国家级新区的创新扩散效应尚不明显。

（5）本章还提出了提升国家级新区创新扩散效应的政策建议。

第 9 章

中国南北方区域经济协调视角下国家级新区的协同发展研究

2018 年 11 月 18 日,中共中央、国务院出台《关于建立更加有效的区域协调发展新机制的意见》,强调构建统筹国内国际、协调国内东中西和南北方的区域发展新格局。① 在区域经济学的传统研究中,东中西部及东北板块的区域差距及协调协同发展战略是学界重点关注的议题之一。然而,中国南北方的区域经济差距及其扩大化已经成为不争的事实,成为比东中西部和东北部差距更需要重点关注的区域经济问题。

在中国南方、北方的区域差距中,经济发展差距有逐步扩大化的趋势。截至 2018 年第二季度,中国南方省(区市)GDP 占全国的比重达到 61.35%,而 2014~2017 年,中国南方省(区市)GDP 占全国的比重仅分别为 57.95%、58.83%、60.17% 和 61.03%。

国家级新区是国务院批设的、旨在以其体制机制深化改革和试点来促进区域经济增长的国家级功能性平台,是重构区域经济结构和空间治理架构的重要政策工具,是促进中国南北方区域经济协调的重要杠杆。然而,目前中国的国家级新区也存在区域差距问题。2017 年,我国南方省市国家级新区的 GDP、固定资产投资总额、地方公共财政预算一

---

① 摘自中华人民共和国中央人民政府网站,http://www.gov.cn/xinwen/2018-11-29/content_5344537.htm。

第9章 中国南北方区域经济协调视角下国家级新区的协同发展研究

般收入和户籍人口数占全国国家级新区[①]的比例分别为63.91%、66.67%、61.59%和64.31%，显示了发展过程中比较明显的南北方区域差距特征。因此，本章拟以陕西西咸新区、兰州新区、重庆两江新区、四川天府新区和贵州贵安新区等"五新区协同"发展为样本，探索中国南北方区域经济协调视角下国家级新区的北方—南方经济协同发展路径问题，将具有十分重要的理论意义和现实价值。本章将是对中国南北方区域经济协调理论研究的一种新的探索和尝试，也为国家级新区协同发展提供了一种新的基于中国南北方区域经济协调的研究视角，还将为充分发挥北—南方国家级新区协同发展作用，以实现南北方经济协调提供重要的政策参考依据。

本章主要包括以下几部分：第一部分，是近期文献回顾，主要对区域经济协调和区域经济协同发展、国家级新区的近期相关研究做出综述性回顾。第二部分，是中国南北方区域经济协调的逻辑及国家级新区协同发展的杠杆作用分析，主要阐释中国南北方区域经济协调相比东中西部和东北板块协调的重要性，南北方区域经济协调的主要逻辑和路径，以及国家级新区协同发展在南北方经济协调发展中的杠杆作用等。第三部分，是中国南北方区域经济协调视角下国家级新区的发展差距分析，主要基于分项集中率方法，结合国家级新区的相关统计资料，对目前南方的国家级新区和北方的国家级新区的发展差距做出评价。第四部分，是中国南北方区域经济协调视角下国家级新区的北方、南方区域经济协同发展主体分析，主要基于经纬度距离和Bi-Square核密度函数等，确定国家级新区之间的协同发展位序，并由此确定国家级新区的北—南方区域经济协同发展主体。第五部分，是中国南北方区域经济协调视角下国家级新区北—南方区域经济协同发展的路径，主要基于发展目标、功能定位、产业发展、贸易通道、科技创新、环境保护等视角，以陕西西咸新区、兰州新区、重庆两江新区、四川天府新区、贵州贵安新区等五

---

① 在现有国家级新区发展的四种总额数据核算中，未包括河北雄安新区。

大国家级新区的协同发展为样本,阐释国家级新区北—南方区域经济协同发展战略。

9.1 近期文献回顾

9.1.1 区域经济协调协同发展与中国南北方区域经济协调

长期以来,中国的区域经济发展呈现出非协调发展的状态。区域协调发展是新时期五大发展理念中协调发展的重要组成部分及其在区域层面的重要表现,强调通过不同地区的关联互动和相互促进以实现区域间利益同向发展,最终实现区域差距逐步缩小的发展过程和稳定状态。① 区域协同发展是更高层次、更高发展水平的区域协调发展,强调区域间求同存异、优势互补,共同发挥自身潜能并步调一致地完成协同目标的发展过程和稳定状态。② 目前,中国区域协调发展或者协同发展往往强调层级较高的政府作用,以强化顶层的机制设计来实现区域协调发展和协同发展。

中国南北方区域经济协调是与东中西部和东北板块经济协调相对应的一组概念。在区域经济学的理论研究和政策实践中,东中西部和东北板块协调一直是关注的焦点。以"一带一路"倡议、京津冀协同发展、长江经济带和粤港澳大湾区等建设为引领,以东部率先发展、中部崛起、"西部大开发"与东北振兴等四大板块协调为骨架,以12个国家综合配套改革试验区、9大国家级城市群、12个自由贸易试验区和19个国家级新区等为战略支点,一直是中国区域经济协调中最重要的、框

---

① 李兴江,唐志强. 论区域协调发展的评价标准及实现机制 [J]. 甘肃社会科学,2007 (6):51-53.

② 陈耀,汪彬. 大城市群协同发展障碍及实现机制研究 [J]. 区域经济评论,2016 (2):37-43.

架性的发展战略。① 相比较而言，中国南北方经济协调受到的关注要少得多。尽管部分文献已经注意到中国南北方经济区域的发展差距（周民良，2000；盛来运等，2018），然而，尚未有文献对南北方经济协调的逻辑及路径做出系统的研究。

9.1.2 国家级新区协同发展

国家级新区是众多国家级功能性平台中比较典型的一种。党的十八大以来，中央政府密集批设了数量较多的国家级新区，其中，2014年和2015年均分别批设了五个。国家级新区承载着中央政府以增长极发展带动区域经济发展的重要意图，国家级新区的建设和发展引起了众多学者的重点关注。

早期关于国家级新区的研究，重点关注如何高效地完成国家级新区的建设以及国家级新区应该如何高效地运行等方面。主要的研究包括，国家级新区应该如何科学地进行区位选择及其区位分布的科学性（彭建等，2015），应该如何确定国家级新区的战略发展目标以及具体的功能性定位（叶姮等，2015），国家级新区应该如何因地制宜地用好中央政府给予的特殊优惠政策（曹云，2014），以及国家新区应该如何培育产业发展新动能从而能够在区域价值链的差异化竞争中脱颖而出（张晓宁和金桢栋，2018）。这些研究为国家级新区的高标准建设和高效运行提供了重要的理论依据和政策参考。

国家级新区的近期研究，重点关注国家级新区的发展绩效评价以及如何更好地实现国家级新区的长期可持续发展问题。对国家级新区的发展绩效评价，主要基于一定的指标体系或数量经济学、计量经济学研究方法，来评估国家级新区对区域经济发展或城市经济发展的影响效应及

---

① 王佳宁，罗重谱. 新时代中国区域协调发展战略论纲［J］. 改革，2017（12）：52-67.

其影响半径。① 对国家级新区的可持续发展研究，主要强调通过探索国家级新区自身发展对周边地区辐射带动的内在机制，结合国家级新区内部高效治理架构体系构建和治理能力优化提升，来实现国家级新区的长期可持续发展（范巧和郭爱君，2018；殷洁等，2018）。尽管相关文献对国家级新区的建设思路、发展战略和绩效评估等进行了深入研究，且研究成果较丰富，然而，目前鲜有涉及国家级新区协同发展的研究文献出现。

本章旨在将对区域协调、协同发展问题的研究落实到更小的国家级新区尺度，探索构建中国南北方经济协调视角下北方省市国家级新区和南方省市国家级新区之间的协同发展路径，将对相关研究有所裨益，也为管窥中国南北方经济协调发展理论提供一个新的视角。

9.2 中国南北方经济协调逻辑及国家级新区协同的杠杆作用

9.2.1 中国南北方经济协调发展更需重点关注

区域协调是创新、协调、绿色、开放、共享五大发展理念的重要组成部分。从中国的区域发展板块来看，区域协调主要包括东中西部和东北板块经济协调与南北方省区市的经济协调等。东中西部和东北板块协调历来是中国区域经济学理论研究和区域政策实践中关注的焦点，无论是"两个大局"的重要论断，还是东部率先发展、"西部大开发"、中部崛起和东北振兴等重要战略，均是其佐证。然而，目前中国南北方区域经济差距及其扩大化已是不争的事实，已经成为理论研究和政策实践

---

① 晁恒等. 国家级新区设立对城市经济增长的影响分析 [J]. 经济地理, 2018 (6): 19 - 27.

第9章 中国南北方区域经济协调视角下国家级新区的协同发展研究

中需要关注的重要议题。①

为了评估中国区域协调发展中南北方板块协调与东中西部和东北板块协调的相对重要性，本章基于均方差的概念，构建了如式（9.1）所示的相对重要性评价指标。

$$\text{RII}_m = \sqrt{\sum_{i_{ns}=1}^{2}(y_{m,i_{ns}} - \bar{y}_{m,i_{ns}})^2/2} \Big/ \sqrt{\sum_{i_{ew}=1}^{4}(y_{m,i_{ew}} - \bar{y}_{m,i_{ew}})^2/4} \quad (9.1)$$

在式（9.1）中，RII_m 表示基于第 m 个评估要素的板块协调相对重要性评估指标。i_{ns} 表示基于中国南北方视角的经济板块个数，$i_{ns}=1$，2；i_{ew} 表示基于东中西部视角和东北视角的经济板块个数，$i_{ew}=1$，2，3，4。$y_{m,i_{ns}}$、$y_{m,i_{ew}}$ 分别表示第 i_{ns}、i_{ew} 板块的第 m 个评估要素值。$\bar{y}_{m,i_{ns}}$ 和 $\bar{y}_{m,i_{ew}}$ 分别为 $y_{m,i_{ns}}$、$y_{m,i_{ew}}$ 的均值。在式（9.1）中，RII_m 取值大于1，则说明中国南北方区域经济协调更具相对重要性。

基于式（9.1），本章选取了地区生产总值、年末总人口数、社会消费品零售总额、全社会固定资产投资总额、地方财政一般预算收入、进出口总额等评估要素，即 m=6，评估了 2000 年来中国南北方板块协调与东中西部和东北板块协调的相对重要性，结果如图 9.1 所示。六个评估要素的数据来源于中国国家统计局网站及我国的 31 个省（区、市）对应年份的统计年鉴，并按照省区市属于中国南北方经济板块或东中西部和东北经济板块进行分别汇总。②

在图 9.1 中，从年末总人口数和进出口总额视角来看，中国南北方区域经济协调相比东中西部和东北板块协调而言更具重要性。尽管基于其他四个指标值来看，中国南北方区域经济协调的相对重要性要弱一些，然而，2010 年之后，基于 GDP、社会消费品零售总额和地方财政

---

① 盛来运等. 我国经济发展南北差距扩大的原因分析［J］. 管理世界，2018，34（9）：16-24.

② 东中西部和东北省份依据国家统计局网站的划分方法，其中东部包括北京、天津等10个省市，中部包括山西、安徽等6个省市，西部包括内蒙古、广西等12个省区，东北包括辽宁等3个省区。

一般预算收入的南北方板块协调相对重要性指标上升较快；而基于全社会固定资产投资总额的中国南北方板块协调相对重要性指标更是直线上升，甚至在2017年超越了东中西部和东北板块协调的相对重要性。因此，在区域经济发展理论研究和政策实践中，相比中国东中西部和东北板块协调而言，南北方协调更需要加以重点关注。

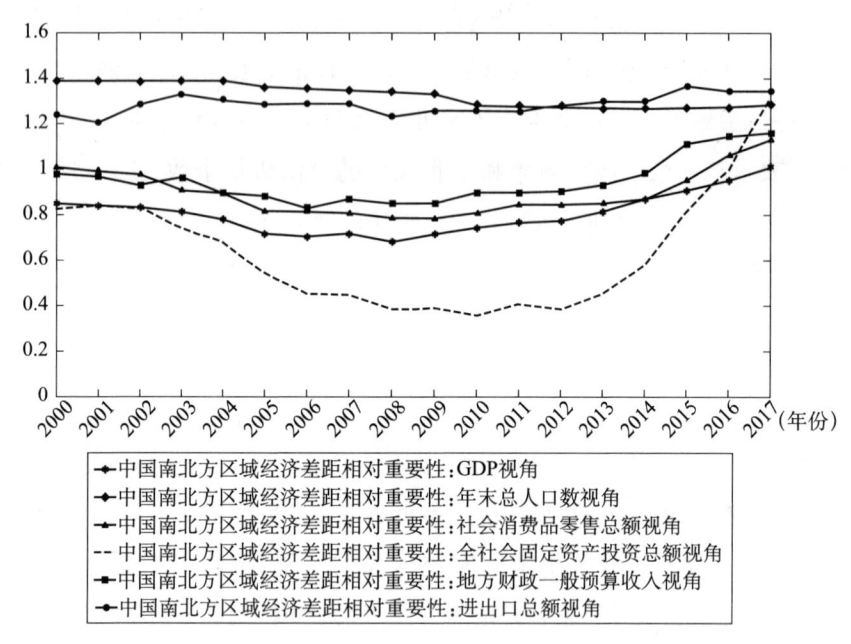

图9.1 2000年以来中国南北方区域经济协调与东中西部地区和东北板块协调的相对重要性

资料来源：笔者根据MATLAB R2018a软件绘制。

9.2.2 中国南北方区域经济协调的基本逻辑

中国南北方区域经济协调是应对南北方经济板块差距及其扩大化的重要的区域协调发展战略。找准中国南北方经济协调的基本逻辑，必须在对南北方经济差距及其扩大化的原因精准把脉的基础上，结合区域协

第9章 中国南北方区域经济协调视角下国家级新区的协同发展研究

调发展的目标,来设计其互动发展的机制和路径。

中国南北方区域经济板块差距及其扩大化,源自北方省区市的经济发展远远滞后于南方省区市,究其原因,主要来自区域产业结构变化不同步,导致北方省区市过分依赖重工业但发展步履维艰,而南方省区市依靠现代制造业和现代服务业而轻装上阵所形成的产业发展差距;投入结构变化不同步,导致北方省区市资本存量增长缓慢而形成的全社会固定资产投资差距拉大(周民良,2000;盛来运等,2018)。一般而言,区域协调发展有增长、稳定和平衡三个重要目标,其中,增长目标强调激活要素的活力,尽可能地发挥其对经济增长的贡献;稳定目标强调降低系统性危机和结构性危机的可能性,保证就业和收入稳定性;平衡目标强调减少区域间在增长、就业、收入和基础设施供给等方面的差距,保证经济发展与环境保护的平衡。①

中国南北方经济协调的目的在于,在保证南方省区市经济持续增长的基础上,发挥南方省区市发展的示范效应和协同带动作用,以加大对北方省区市基础设施和制度供给以及深化北方省区市经济发展的体制机制改革等手段,充分刺激北方省区市挖掘发展要素的潜力,实现北方省区市高速增长,缩小中国南北方经济板块差距。实现中国南北方经济协调,必须构建以"龙头"带动、产业协同、生态共建和利益同享为特征的互动发展机制。② 主要的协调发展路径包括,实现国家重大发展战略在中国南北方经济板块的协调和协同发展、实施向北方省区市更加倾斜的财税政策和转移支付政策、在国家层面交通、能源、管网等基础设施建设中实施向北方省区市更加倾斜的投资政策、国家层面批设促进地方发展的国家级功能性平台时更向北方省区市倾斜、以南方省区市为主体的中国南北方板块不同层级政府间的对口帮扶和协作协同,以及南北

---

① 李立华. 区域乘数效应与中国区域协调发展机制的安排[J]. 经济评论, 2007(6): 125-132.

② 孙红玲. "3+4":三大块区域协调互动机制与四类主体功能区的形成[J]. 中国工业经济, 2008(10): 12-22.

方不同层级的功能性平台间的协同发展等。

9.2.3 国家级新区协同发展是推动中国南北方经济协调发展的重要杠杆

以不同层级的功能性平台建设及发展推动地方经济发展，一直是国家层面和地方政府层面推动经济发展的重要手段。推动中国南北方省区市不同层级的功能性平台之间实现协同发展，是实现南北方经济协调的重要路径和手段之一。从中央政府批设功能性平台的政策实践来看，国家级功能性平台主要包括，国家综合配套改革试验区、国家级城市群、自由贸易试验区、国家级新区等。其中，国家综合配套改革试验区重在探索特定的社会发展模式或路径，如政府职能转变、统筹城乡发展或资源节约型和环境友好型社会建设等，国家级城市群重在探索城市间推动城镇化协同发展的模式或路径，自由贸易试验区重在探索开放化发展的模式或路径，国家级新区则更强调对产业化发展的模式或路径的探索。因此，实现中国南北方省区市间国家级新区的协同发展，将是以产业协同方式推动南北方经济实现协调发展的重要手段。

同时，从国家级新区发展的实践来看，实现中国南北方省区市国家级新区间的协同发展，也是撬动中国南北方经济实现协调发展的重要杠杆。2017年，上海浦东新区的GDP为9651亿元，占上海市GDP的比重为31.4%；天津滨海新区的GDP为7106亿元，占天津市GDP的比重为37.6%；重庆两江新区的GDP为2533亿元，占重庆市GDP的比重为12.8%；大连金普新区的GDP为2343亿元，占辽宁省GDP的比重为9.2%。实现中国南北方省区市国家级新区之间的协同发展，推动各个国家级新区，尤其是新近批设的国家级新区在其属地省市GDP中的占比大为提升，不仅是南北方经济协调的直接体现，更是推动中国南北方经济协调的重要手段和杠杆。

9.3 中国国家级新区发展的南北方区域经济差距：基于分项集中率的分析

关于经济社会空间差距测度的方法很多，[①] 然而，囿于数据年份较短及数据截面部分短缺的原因，本节拟基于分项集中率来阐释中国国家级新区发展的南北方差距问题。分项集中率最初用于省域间工资差距及其演进情况的评价，主要依据特定指标的排序和占该指标值总和比例的一定组合，来考察特定指标在不同个体间的总体差距情况。[②] 为了从总体上考察所有个体基于某项特定指标的绝对差距情况，本节在王开科构建的分项集中率指标的基础上对其进行了绝对值处理，[③] 如式（9.2）所示。

$$\mathrm{SICR}_k = \left| \frac{2}{n} \sum_{r=1}^{n} rp_{r,k} - \frac{n+1}{n} \right|, p_{r,k} = \frac{y_{r,k}}{\sum_{r=1}^{n} y_{r,k}}, p_{1,k} < p_{2,k} < \cdots < p_{n,k}$$

(9.2)

在式（9.2）中，SICR 代表分项集中率，k 代表第 k 个特定的指标，n 代表纳入评价的个体总数，$p_{r,k}$ 代表第 r 个个体的特定指标取值占所有个体指标值之和的比重，r 指按照 $p_{r,k}$ 取值从小到大进行排序的个体，r = 1，2，…，n。对于某一特定的指标值而言，当所有个体的取值相等，即 $y_{r,k} = \overline{y_{r,k}} = \frac{1}{n} \sum_{r=1}^{n} y_{r,k}$ 或者 $p_{1,k} = p_{2,k} = \cdots = p_{n,k}$ 时，则式（9.2）中的 SICR_k 值将转变为所有个体关于某一指标不存在差距状况下的理想

[①] 石恩名等. 国内外社会空间分异测度研究综述［J］. 地理科学进展，2015，34（7）：818-829.

[②][③] 王开科等. 中国省域城镇工资水平的区域分异机制与空间效应［J］. 地理研究，2013，32（11）：2107-2120.

值,如式(9.3)所示。式(9.3)意味着,$SICR_k$ 越趋近于零时,所有个体基于某一特定指标 k 的空间差距会越小,反之,则空间差距会越大。

$$SICR_{k,s} = \frac{2}{n} \sum_{r=1}^{n} \frac{r}{n} - \frac{n+1}{n} = \frac{2}{n} \times \frac{n(n+1)}{2n} - \frac{n+1}{n} = 0 \quad (9.3)$$

基于式(9.2),可以评价中国国家级新区发展的南北方区域经济差距,结果如表9.1所示。值得注意的是,截至2018年11月,中国共计批设了19个国家级新区,但多数国家级新区批设时长较短,再加上批设时间到正式挂牌需要庞大的基础设施建设投入和漫长的建设周期。同时,国家级新区内产业的招商引资、落地生产和产生效益需要较长的周期,这使得国家级新区的数据资料残缺不全。因此,本节拟基于2017年18个国家级新区(因河北雄安新区2017年4月才批设,所以未包含河北雄安新区的数据)的相关统计资料来考察中国国家级新区发展的南北方区域经济差距问题。主要的评价指标包括,GDP、固定资产投资总额、地方一般公共预算收入和总人口数。

表9.1　中国国家级新区发展空间差距的分项集中率计算结果

地区	GDP	固定资产投资总额	地方一般公共预算收入	总人口数
南方省(区市)国家级新区之间	0.5776	0.4101	0.5952	0.4865
北方省(区市)国家级新区之间	0.7516	0.7162	0.8294	0.7202
南方省(区市)与北方省(区市)国家级新区之间	0.9043	0.9074	0.9018	0.9048

资料来源:笔者依据 MATLAB R2018a 编写程序输出的结果而得。

数据来源说明如下:(1)2017年 GDP、固定资产投资和地方一般公共预算收入来源于《国家级新区发展报告2018》。[①](2)陕西西咸新区的 GDP 数据缺失,依据西安市2017年 GDP 减去2016年西安市 GDP×(1+2017年西安市 GDP 增长率),其中,西安市 GDP 增长率为

---

① 国家发展和改革委员会. 国家级新区发展报告2018 [M]. 北京:中国计划出版社,2018:295-296.

7.7%。(3) 国家级新区的总人口数按照2018年年初户籍人口数核定，均依据各国家级新区的官方网站收集总人口数据信息。(4) 浙江舟山群岛新区、广州南沙新区、湖南湘江新区、南京江北新区和云南滇中新区户籍人口数据缺失。其中，浙江舟山群岛新区和广州南沙新区的户籍人口数分别以对应年份舟山市和广州南沙区人口数替代。湖南湘江新区和南京江北新区人口数分别以2016年初数据和2017年初数据为基础，并按年均增长率5‰折算。云南滇中新区人口数据以2020年规划数为基础，并以5‰的增长率进行扣除。

在表9.1中，从国家级新区的GDP指标来看，中国南北方省区市间的国家级新区之间分项集中率远远高于南方省区市内部国家级新区或者北方省区市内部国家级新区之间的分项集中率。

究竟是什么原因造成了中国国家级新区发展的南北方差距及其扩大化呢？本节认为，可能主要有以下四方面因素：第一，从中国南北方省区市所批设的国家级新区数量来看，截至2018年11月，中国北方区域的省区市共计批设了8个国家级新区；相比较而言，中国南方区域的省区市批设国家级新区数量较多，共计批设了11个。第二，从中国南方区域的国家级新区和北方区域的国家级新区投入来看，中国南方的国家级新区的投入总量远远大于中国北方的国家级新区投入总量。其中，中国南方区域的国家级新区的地方一般公共预算收入总额和固定资产投资总额分别是北方区域的国家级新区的2.0倍和1.6倍。第三，从中国南北方省区市国家级新区对要素的吸纳能力来看，尤其是从人口吸纳能力来看，中国南方的国家级新区人口总数达到了中国北方的国家级新区人口总数的1.8倍。第四，从经济发展的成效来看，中国南方的国家级新区发展成效也远高于中国北方的国家级新区。尽管部分中国北方的国家级新区批设较早（如天津滨海新区和兰州新区），但经济发展的体量仍较小，不足以带动北方省区市国家级新区总体的发展。事实上，南方国家级新区的GDP是北方国家级新区GDP的1.77倍。

9.4 中国南北方区域经济协调下国家级新区的北—南方区域经济协同发展主体

中国国家级新区的协同发展是充分挖掘国家级新区的资源禀赋优势和潜能，实现优势互补和合作共赢，从而促进所有国家级新区可持续发展并缩小国家级新区南北方区域经济差距的重要手段。在中国南北方区域经济协调的大背景下，构建以保证南方省区市的国家级新区持续发展和促进北方省区市的国家级新区快速发展为特征的国家级新区的北—南方协同发展新格局，将是缓解中国南北方区域经济差距扩大化的重要战略手段。

中国国家级新区的南北方区域经济协同发展是北方区域国家级新区和南方区域国家级新区之间的协同发展，这种协同发展不是将所有国家级新区全部纳入协同发展的框架之中，而是基于北方省区市国家级新区和南方省区市国家级新区之间的空间关系，以北方的国家级新区为主导，构建一个国家级新区或多个国家级新区协同发展组织为依托，来促进组织内部国家级新区的资源整合、优势互补和协同发展。中国国家级新区的北—南方协同发展的主体确定，也就是考察现有的19个国家级新区中哪些应该被纳入中国北—南方经济协同发展框架中。

依据地理学第一定律，国家级新区之间距离越远，则空间影响关系可能会相对较弱。因此，本节拟基于国家级新区之间的空间影响效应，来确定中国国家级新区的北—南方协同发展主体。具体方法如下：首先，基于经纬度距离公式，确定中国19个国家级新区之间的空间距离；其次，基于斯特基分组公式来确定单个北—南方协同发展中应该纳入的中国国家级新区个数；① 再次，基于 Bi-Square 核密度函数来确定我国

---

① 耿修林. 商务经济统计学［M］. 北京：科学出版社，2003：28.

19个国家级新区之间的空间影响效应;① 最后,基于19个国家级新区之间的空间影响效应,重点考察近期我国北方省区市中的国家级新区能够与哪些国家级新区实现协同发展,进而确定国家级新区的北—南方协同发展主体。式(9.4)、式(9.5)、式(9.6)分别显示了基于经纬度的距离测算公式、斯特基分组公式和核密度函数公式。

$$d_{ij} = r_e \times \arccos[\sin(\beta_i\xi)\sin(\beta_j\xi) + \cos(\beta_i\xi)\cos(\beta_j\xi)\cos(\alpha_i\xi - \alpha_j\xi)] \quad (9.4)$$

$$\text{Num} = 1 + 3.322 \times \log_{10}(n) \quad (9.5)$$

$$SR_{ij} = \begin{cases} 1, & i = j \\ [1 - (d_{ij}/h_i)^2]^2, & d_{ij} \leq h_i \& i \neq j \\ 0, & d_{ij} > h_i \end{cases} \quad (9.6)$$

在式(9.4)中,i、j = 1,2,…,19代表按照批设时间顺序排序的19个国家级新区,i≠j。d_{ij}为国家级新区之间的经纬度距离,d_{ii} = 0。r_e为地球半径,取值6378.1km。arccos、sin、cos分别为反余弦函数、正弦函数和余弦函数。α_i、α_j分别为第i、j个国家级新区的经度,β_i、β_j分别为第i、j个国家级新区的纬度。ξ为经验常数,取值为ξ = π/180,π为圆周率。基于式(9.4)可以确定中国19个国家级新区之间的经纬度空间距离。

在式(9.5)中,Num为单个协同发展组织中可以被纳入的国家级新区个数,n为国家级新区总数,即n = 19。由此,单个协同发展组织中可以纳入的国家级新区个数为5个(经过四舍五入处理)。以各个国家级新区到距离其最远的第五个国家级新区的空间距离作为阈值,结果如表9.2的第4列所示。在表9.2中,中国19个国家级新区空间距离阈值的平均值为814.26km,与中国省级层面空间溢出效应阈值的一般经验设定值(800km)近似。

---

① Fotheringham A. S., Oshan T. M. Geographically weighted regression and multicollinearity: dispelling the myth [J]. Journal of Geographical Systems, 2016, 18 (4): 303 - 329.

表 9.2　基于空间影响效应的中国 19 个国家级新区协同发展位序

地区	编号	国家级新区	空间带宽	第1位序	第2位序	第3位序	第4位序
南方省区市中的国家级新区	1	上海浦东新区	602	4 (0.9001)	13 (0.6353)	9 (0.0522)	18 (0.0033)
	3	重庆两江新区	638	11 (0.7115)	8 (0.4949)	7 (0.0520)	15 (0.0007)
	4	浙江舟山群岛新区	593	1 (0.9178)	13 (0.4694)	14 (0.1900)	18 (0.0629)
	6	广州南沙新区	830	12 (0.4151)	14 (0.3290)	18 (0.2724)	8 (0.1365)
	8	贵州贵安新区	669	3 (0.6730)	15 (0.5604)	11 (0.3862)	12 (0.1231)
	11	四川天府新区	628	3 (0.7324)	8 (0.1800)	7 (0.0261)	15 (0.0170)
	12	湖南湘江新区	667	18 (0.6384)	6 (0.0174)	4 (0.0049)	14 (0.0000)
	13	南京江北新区	474	1 (0.7015)	4 (0.4794)	9 (0.3606)	18 (0.2849)
	14	福州新区	667	18 (0.3293)	4 (0.1872)	1 (0.0311)	12 (0.0021)
	15	云南滇中新区	1085	8 (0.7516)	11 (0.4865)	3 (0.4732)	12 (0.0093)
	18	江西赣江新区	593	12 (0.5651)	14 (0.2038)	13 (0.1460)	4 (0.0009)
北方省区市中的国家级新区	2	天津滨海新区	759	19 (0.9308)	10 (0.6851)	9 (0.5972)	13 (0.0400)
	5	兰州新区	1109	7 (0.6225)	14 (0.4372)	10 (0.2514)	19 (0.0063)
	7	陕西西咸新区	779	5 (0.3380)	3 (0.2714)	11 (0.1894)	12 (0.0097)
	9	青岛西海岸新区	517	10 (0.3066)	2 (0.2024)	13 (0.1254)	19 (0.0104)
	10	大连金普新区	627	2 (0.6519)	9 (0.6303)	19 (0.3531)	17 (0.1519)
	16	哈尔滨新区	1161	17 (0.9337)	10 (0.2602)	2 (0.0603)	19 (0.0070)
	17	长春新区	966	16 (0.9013)	10 (0.3594)	2 (0.0713)	19 (0.0023)
	19	河北雄安新区	803	2 (0.9260)	10 (0.3744)	9 (0.3641)	13 (0.0018)

资料来源：笔者基于 MATLAB R2018a 程序编程结果而整理；各位序中的编号为对应的国家级新区编号，括号内为对应国家级新区之间的空间影响效应。

在式（9.6）中，SR_{ij} 为国家级新区之间的空间影响效应。d_{ij} 为基于式（9.4）计算的国家级新区之间的经纬度距离值。h_i 为第 i 个国家级新区的自适应空间带宽，以所有国家级新区的空间距离阈值（经过向上取整处理，单位：km）替代。基于式（9.6），可以计算国家级新区之间的空间影响效应，从而可得中国 19 个国家级新区协同发展的潜在主体位序，如表 9.2 所示。

基于表 9.2 的分析结果，天津滨海新区的潜在协同对象包括，河北雄安新区、大连金普新区、青岛西海岸新区、南京江北新区。青岛西海岸新区的潜在协同对象包括，大连金普新区、天津滨海新区、南京江北新区和河北雄安新区。大连金普新区的潜在协同对象包括，天津滨海新区、青岛西海岸新区、河北雄安新区、长春新区。哈尔滨新区的潜在协同对象包括，长春新区、大连金普新区、天津滨海新区和河北雄安新区。长春新区的潜在协同对象包括，哈尔滨新区、大连金普新区、天津滨海新区和河北雄安新区。河北雄安新区的潜在协同对象包括，天津滨海新区、大连金普新区、青岛西海岸新区和南京江北新区。从这六个国家级新区的潜在协同对象来看，南方省区市中的国家级新区中仅有南京江北新区可能被纳入这六个国家级新区的潜在协同对象框架。同时，南京江北新区的潜在协同对象则包括，上海浦东新区、浙江舟山群岛新区、青岛西海岸新区和江西赣江新区。由此，从国家级新区之间的空间影响效应来看，这六个北方省市的国家级新区与其潜在协同对象之间的潜在协同关系并不十分稳定。

比较而言，兰州新区和陕西西咸新区与其潜在协同对象之间的潜在协同关系要稳定一些。基于表9.2，兰州新区的潜在协同对象包括，陕西西咸新区、四川天府新区、重庆两江新区和河北雄安新区。陕西西咸新区的潜在协同对象包括，兰州新区、重庆两江新区、四川天府新区和湖南湘江新区。由于河北雄安新区的潜在协同对象并不包括兰州新区和陕西西咸新区，由此，四川天府新区、重庆两江新区和湖南湘江新区的潜在协同对象将成为分析的重点。针对四川天府新区而言，重庆两江新区、贵州贵安新区、陕西西咸新区和云南滇中新区是其潜在的协同对象；针对重庆两江新区而言，四川天府新区、贵州贵安新区、陕西西咸新区和云南滇中新区是其潜在的协同对象；针对湖南湘江新区而言，江西赣江新区、广州南沙新区、重庆两江新区和福州新区是其潜在的协同对象。因此，本节拟以陕西西咸新区、兰州新区、重庆两江新区、四川天府新区和贵州贵安新区等五个国家级新区为样本，以样本地区的协同发展（以下简称"五新区协同"），来探索中国国家级新区的协同发展路径问题。[①]

---

① 单纯就北方省区市内部的国家级新区或南方省区市内部的国家级新区协同发展，其潜在的主体范围可能会更广，但不在本章主题分析之列。

9.5 中国南北方区域经济协调下国家级新区的北—南方"五新区协同"发展路径

基于19个国家级新区之间的空间影响效应，以及北方省区市国家级新区的潜在协同对象和潜在协同关系稳定性分析，本节期望通过对陕西西咸新区等"五新区协同"发展路径的探讨，来探索中国国家级新区的北—南方协同发展战略问题。其中，协同发展路径主要从发展目标、功能定位、产业发展、贸易通道、科技创新、环境保护等六个方面展开。

9.5.1 以融入"一带一路"倡议建设为导向，强化发展目标协同

"一带一路"倡议提出以来，中国各级政府和学术界围绕如何融入"一带一路"倡议建设进行了深入的理论研究和丰富的实践探索。理论研究与实践探索均表明，"一带一路"倡议沿线国家协同发展具有厚实的发展基础。首先，"一带一路"倡议沿线国家和地区发展具有异质性，使得地方经济融入"一带一路"倡议建设具有互补性优势；同时，"一带一路"倡议沿线又具有一定的同质性，这为区域间有效交流和协同发展奠定了天然的"共同话语"。[①]

不过，中国的区域经济在融入"一带一路"倡议建设中也存在一定的现实困境：我国不同地区的经济发展不平衡导致不同地区与"一带一路"沿线国家协同发展的能力有所区别，而区域经济发展中国际投资资金的短缺和专业语言、管理和产业发展人才的短缺也限制了区域经济

---

① 陈继勇等. 构建内陆开放新高地——基于湖北深度融入"一带一路"倡议建设视角[J]. 江汉论坛, 2018（1）：34–39.

第9章　中国南北方区域经济协调视角下国家级新区的协同发展研究

融入"一带一路"倡议建设的规模与水平。① 因此，强化国家层面、地方政府层面、各类功能性平台层面和企业层面的协同发力，是确保地区经济真正融入"一带一路"倡议建设的重要保障。② 国家级新区是中国区域经济协调发展和协同发展的重要功能性平台，包含陕西西咸新区在内的五大国家级新区既是地区经济发展的重要引擎，也是地区经济融入"一带一路"倡议建设的重要平台。促进五大国家级新区的高质量发展并形成"五新区协同"发展格局既是地区经济融入"一带一路"倡议建设的必然要求，也是以"五新区协同"为手段破解中国南北方区域经济差距困境的重要保证。

9.5.2　以大力发展开放型经济为纽带，强化功能定位协同

国家级新区自批设伊始，便承载着重要的意图，其批复文件确定了国家层面对各个国家级新区的战略定位和功能性定位。在融入"一带一路"倡议建设的大框架下，"五新区协同"发展必须在各自的功能定位基础上，找准利益纽带和协同的原动力。从我国五大国家级新区的批复文件来看，如表9.3第2列所示，"五新区协同"可以基于开放型经济的功能定位实现协同发展。

表9.3　中国的五大国家级新区的北—南方区域经济协同发展主体的功能定位和产业架构

成员	功能定位	重点产业架构
重庆两江新区	统筹城乡综合配套改革试验的先行区；内陆重要的先进制造业和现代服务业基地；长江上游地区的经济中心、金融中心和创新中心；内陆地区对外开放的重要门户；科学发展的示范窗口①	先进制造产业、现代物流产业、国际商贸产业、金融服务产业、专业服务产业、信息服务产业、文化旅游产业

---

① 李一鸣，宋可玉. 地方融入"一带一路"倡议建设的困境及化解途径［J］. 中国党政干部论坛，2017（4）：92-93.

② 李广杰. 山东融入"一带一路"倡议建设的思路与对策［N］. 光明日报，2015-05-20，7.

151

续表

成员	功能定位	重点产业架构
四川天府新区	以现代制造业为主的国际化现代新区；内陆开放经济高地；宜业宜商宜居城市；现代高端产业集聚区；统筹城乡一体化发展示范区②	战略性新兴产业、高技术产业、高端制造业、高端服务业、休闲度假旅游和现代都市农业
陕西西咸新区	向西开放的重要枢纽；"西部大开发"的新引擎；中国特色新型城镇化的范例	先进制造业、电子信息技术产业、航空服务业、科技研发产业、文化旅游业、总部经济
兰州新区	西北地区重要的经济增长极；国家重要的产业基地；向西开放的重要战略平台；承接产业转移示范区②	大数据和信息化产业、先进装备制造产业、新材料产业、精细化工产业、新能源汽车产业、生物医药产业、商贸物流产业、文化旅游产业、现代农业、职教产业
贵州贵安新区	西部地区重要的经济增长极；内陆开放型经济新高地；生态文明示范区③	电子信息产业、高端装备制造产业、大健康新医药产业、文化旅游产业、现代服务业

注：①参见中华人民共和国中央人民政府网站．http：//www.gov.cn/zwgk/2014-01/10/content 2563452.htm 及中华人民共和国国务院新闻办公室网站．http：//www.scio.gov.cn/ztk/xwfb/94/10/Document/1216640/1216640.htm 中对该国家级新区的批复文件。

②参见中华人民共和国工业与信息化部网站．http：//www.miit.gov.cn/n1146285/n1146352/n3054355/n3057254/n3057265/c3539961/content.html 及中华人民共和国中央人民政府网站．http：//www.gov.cn/zhengce/content/2014-10/14.content 9142.htm；http：//www.gov.cn/zwgk/2014-01/10/content 25635458.htm 中对该国家级新区的批复文件。

③参见中华人民共和国中央人民政府网站．《国务院关于印发6个新设自由贸易试验区总体方案的通知》，http：//www.gov.cn/zhengce/content/2019-08/26.content 5424522.htm。

资料来源：功能定位依据各国家级新区的批复文件整理；产业架构依据各国家级新区的官网介绍、招商引资文件和产业发展规划等整理。

开放型经济是以"引进来"和"走出去"为手段，实现商品、服务和要素等自由跨越边境流动，实现资源在国际范围内优化配置的一种经济发展模式，其发展特征包括生活和消费的国际化、贸易和投资自由化，以及经济体制的市场化和国际化等。① 中华人民共和国成立以来，中国的开放型经济发展主要经历了沿海开放型经济、沿边沿江开放型经济和内陆开放型经济三个发展阶段。内陆开放型经济强调在破解内陆地

---

① 郭显光．开放型经济模式的比较 [J]．数量经济技术经济研究，2003 (5)：23-26.

区非沿海、非沿边或非沿江等地理特征对开放型经济发展的重大约束的基础上,实现商品、服务、要素等在国际范围内的自由流动,以此推动内陆地区经济实现大发展。①

基于功能定位的协同,五大国家级新区的协同发展必然以开放型经济发展,尤其是以内陆开放型经济发展为纽带。在批复文件中,兰州新区及陕西西咸新区均强调向西开放,重庆两江新区、四川天府新区和贵州贵安新区则强调内陆开放。② 兰州新区和陕西西咸新区地处中国内陆腹地,也是内陆开放型经济发展的重要组成部分。③ 重庆两江新区、四川天府新区和贵州贵安新区地处中国西南省市,其地理位置特征决定了其开放型经济发展可能会以南向开放为主。由此,五新区协同的功能定位应该以西向开放和南向开放的协同推进为主。

9.5.3 以开放型产业体系建设为载体,强化产业发展协同

按照经济增长核算的产业增加值逻辑,经济发展必须建立在产业发展的基础上,开放型经济发展也必须建立在一定的产业体系和产业结构的基础上。在融入"一带一路"倡议建设的大框架下,"五新区协同"发展开放型经济,必须在深入把握五大国家级新区的产业发展定位和规划的基础上,结合"一带一路"倡议沿线国家的产业发展特征和贸易需求,对产业结构进行全球化的战略性重组;④ 同时,还应在积极融入

---

① 李恒. 开放型经济发展的动力机制与模式选择——以内陆省份为例 [J]. 华中科技大学学报(社会科学版), 2011 (3): 80 – 86.

② 参见中华人民共和国中央人民政府网站. http://www.gov.cn/zwgk/2014/01/10/content 2563452. htm 及中华人民共和国国务院新闻办公室网站. http://www.scio.gov.cn/ztk/xwfb/94/10/Document/1216640/1216640. htm 中对相关国家级新区的批复文件。

③ 参见中华人民共和国工业与信息化部网站. http://www.miit.gov.cn/n1146285/n1146352/n3054355/n3057254/n3057265/c3539961/content.html. 及中华人民共和国中央人民政府网站. http://www.gov.cn/zhengce/content/2014 – 10/14/content 9142. htm; http://www.gov.cn/zwgk/2014 – 01/10/content 2563458. htm. 中对相关国家级新区的批复文件。

④ 陈飞翔. 对外开放与产业结构调整 [J]. 财贸经济, 2001 (6): 16 – 23.

全球价值链的基础上，突破"低端锁定"的路径依赖，① 重塑中国及"一带一路"倡议沿线国家在全球价值链中的地位。②

表9.3的第3列中，本节基于我国五大国家级新区的招商引资文件和产业发展规划，总结了五大国家级新区产业体系构建的实际定位情况。从表9.3中可以看出，五大国家级新区无一例外地将发展现代制造业摆在了十分重要的战略地位，并由此强调支撑现代制造业发展的物流服务、金融服务、信息服务和专业服务。因此，为了找准融入"一带一路"倡议建设框架下中国"五新区协同"发展开放型经济的产业体系建设逻辑和产业链、价值链协同建设逻辑，本节还整理了分属东北亚、东南亚、南亚、西亚北非、中东欧和中亚等地域板块的"一带一路"倡议沿线国家的主要工业行业和主要的进出口产品情况，如表9.4所示。

表9.4 区域板块视角下"一带一路"倡议沿线国家的主要工业行业和进出口产品

板块	国别	主要工业行业	主要出口产品	主要进口产品
东北亚	俄罗斯、蒙古国	通用设备制造业、金属冶炼及压延加工业、煤炭开采及洗选业、石油和天然气开采业	石油和天然气、金属及其制品、机械设备和交通工具、宝石及其制品、畜产品	机械设备和交通工具、食品和农业原料产品、化工产品及橡胶、纺织服装类商品
东南亚	东帝汶、菲律宾、柬埔寨、老挝、缅甸、马来西亚、泰国、文莱、新加坡、印度尼西亚、越南	石油和天然气开采业、食品加工业和制造业、金属冶炼和压延加工业、木材加工和木、竹、藤、棕、草制品业、纺织业、化学原料和化学制品制造业、汽车制造业、计算机、通信和其他电子设备制造业	煤、石油和天然气、铜等矿产品、大米、咖啡、橡胶、木薯、棕榈油、木材及木制品、手工艺品、纺织品、水产品、石化产品	矿产、交通及工业机械设备、化工产品、燃油、电子产品、家用电器、纺织品及原料、食品、工业及建筑材料

---

① 金京，戴翔. 国际分工演进与我国开放型经济战略选择 [J]. 经济管理，2013，35 (2): 1-10.

② 程大中. 中国参与全球价值链分工的程度及演变趋势——基于跨国投入—产出分析 [J]. 经济研究，2015，50 (9): 4-16, 99.

第9章 中国南北方区域经济协调视角下国家级新区的协同发展研究

续表

板块	国别	主要工业行业	主要出口产品	主要进口产品
南亚	不丹、巴基斯坦、孟加拉国、马尔代夫、尼泊尔、斯里兰卡、印度	纺织业、纺织服装、服饰业、皮革及其制品业、食品加工业、化学原料和化学制品制造业、非金属矿物制品业、机器装配和制造业	纺织品、皮革、成衣、农产品、手工艺品、海产品、加工食品	石油及石油制品、工业原料、机械和交通设备、纺织品及原料、电器和电子产品、食品和药品、化肥
西亚北非	埃及、阿塞拜疆、阿富汗、阿曼、阿拉伯联合酋长国、巴勒斯坦、巴林、格鲁吉亚、卡塔尔、科威特、黎巴嫩、沙特阿拉伯、土耳其、叙利亚、也门、亚美尼亚、以色列、伊拉克、伊朗、约旦	石油和天然气开采业、石油、煤炭及其他燃料加工业、食品加工、纺织业等轻工业、金属冶炼和压延加工业、金属和非金属矿物制品业	石油及石油产品、天然气、食品、水果、蔬菜、棉花及棉制品、化工产品、非贵重金属及其制品、轻型工业器材及机械设备	机械和运输设备、食品、药品、纺织品、化工原料及产品、电器设备、石油、天然气及其产品、黑色金属及其制品
中东欧	爱沙尼亚、阿尔巴尼亚、保加利亚、波兰、波黑、白俄罗斯、黑山、捷克、克罗地亚、拉脱维亚、立陶宛、罗马尼亚、摩尔多瓦、马其顿、塞尔维亚、斯洛伐克、斯洛文尼亚、乌克兰、希腊、匈牙利	机械和设备制造业、汽车制造业、木材加工和制品业、金属冶炼和压延加工业、建材、纺织和食品加工业、化学原料和化学制品制造业、采矿业、电力生产和供应业	机械和设备、汽车和配件、木材及木制品、金属及制品、矿产品、电子产品及零部件、化工产品、纺织品、食品、水果、蔬菜	石油、天然气及制品、机械和设备、汽车等运输工具、机电产品、矿产品、原材料、化工产品、食品、金属制品、纺织品、药品
中亚	哈萨克斯坦、吉尔吉斯斯坦、土库曼斯坦、塔吉克斯坦、乌兹别克斯坦	石油和天然气开采业、电力、热力、燃气及水生产和供应业、食品、皮制品、木材等轻工业、有色金属冶炼和压延加工业、机器制造业	石油和天然气制品、金属及其制品、皮棉	机械和设备、化工产品、石油和天然气产品、黑色和有色金属、粮食、肉类、交通工具

资料来源：笔者依据国研网"一带一路"倡议研究与决策支撑平台的国别数据和中国"一带一路"网的基础数据中涉及"一带一路"倡议65个国家的主要工业行业和进出口产品整理，并依据区域板块进行汇总整理。其中，主要工业行业依据国民经济行业分类（GB/T 4754-2017）进行整理。

按照中国五大国家级新区开放型经济发展的功能定位，陕西西咸新区和兰州新区应主要对接"一带一路"倡议沿线的中亚板块、中东欧板块和西亚北非板块，而重庆两江新区、四川天府新区和贵州贵安新区应主要对接"一带一路"倡议沿线的南亚板块和东南亚板块。同时，五大国家级新区还应互为平台，实现陕西西咸新区和兰州新区的南向开放，以及重庆两江新区、四川天府新区、贵州贵安新区的西向开放。主要的产业协同发展策略包括以下几点。

第一，基于产业内贸易和产业间贸易的不同逻辑，准确把握"一带一路"倡议沿线国家不同区域板块的主导工业产业和主要的出口产品供给和主要进口产品需求，建立起中国国家级新区间特色鲜明、针对性强的开放型产业体系。

第二，在具体的产业配置中，应严格限制中国的五大国家级新区布局石油、天然气及其产品行业、化工产品行业及纺织品行业等，鼓励高端装备制造业、精密仪器、生物医药等行业的发展，形成与"一带一路"倡议沿线国家主要工业产业错位发展的格局。

第三，基于中国的五大国家级新区各自不同的开放型产业体系特色和开放方向的针对性，建立起协同招商引资机制。在引进外资和承接产业转移中破除地方保护主义，按照开放型产业体系的架构需要来进行五大国家级新区的产业布局。

9.5.4 以协作推进物流节点建设为抓手，强化贸易通道协同

在融入"一带一路"倡议建设的大框架下，推动陕西西咸新区等"五新区"实现开放型经济和产业体系的协同建设和协同发展，最为关键的环节就是要实现"五新区"国际贸易通道的协同建设。一般而言，国际贸易通道包括陆上贸易通道和海上贸易通道（陈继东，1998；梁明和陈柔笛，2014）。国际贸易通道的协同建设强调在基础设施互联互通的基础上，实现不同地区之间政策法规的透明性和一致性、政府行为的

合作性和协调性,以及通关手续的简化和支付优化等。① 其中,基础设施的互联互通是国际贸易通道协同建设的基石。

"五新区协同"发展,必须在充分把握国家层面对五大国家级新区所在省份的国际贸易通道发展战略定位的基础上,协同推进物流节点建设。表9.5显示了国家层面对"五新区协同"属地省市的国际贸易通道发展的战略定位。

表9.5 国家层面对"五新区协同"属地省市国际贸易通道发展的战略定位

规划名称	国际贸易通道发展的战略定位
《中华人民共和国国民经济和社会发展第十三个五年规划纲要》	①推进亚洲各次区域、亚欧非之间的基础设施互联互通;②支持中欧等国际集装箱运输和邮政班列发展;③构建国际物流大通道,加强重要通道、口岸基础设施建设
《"十三五"现代综合交通运输体系发展规划》	①以中国新疆维吾尔自治区为核心,中亚至欧洲、西亚至北非的西北国际运输走廊;②以中国云南省为核心,面向南亚、东南亚的西南国际运输走廊;③以中国内蒙古自治区为核心,联通的运输通道
《水运"十三五"发展规划》	①加强澜沧江等国际国境河流航道建设;②加快长江等内河水运发展
《铁路"十三五"发展规划》	①打造"中欧班列"成为推进"一带一路"倡议建设的重要平台和世界知名物流品牌;②推进瑞丽、磨憨、东兴、红其拉甫、吐尔尕特等口岸铁路及配套设施建设
《中国民用航空发展第十三个五年规划》	①完善西南、西北等六大机场群;②提升成都、重庆、西安等机场的国际枢纽功能,推动贵阳、兰州等机场形成各具特色的区域枢纽;③重点增加至欧美航线航班密度,扩大与南亚、中亚和西亚的航空联系,增加非洲国际航线。

资料来源:国际贸易通道发展要点依据相应的规划文件摘录和整理。

基于"五新区协同"属地省市的国际贸易通道发展战略定位,主要的物流节点建设协作推进要点包括:第一,依托西南机场群、西北机场群,构建以成都机场、重庆机场、西安机场为核心的国际民航货运通道,构建贵阳机场与成都机场、重庆机场,及兰州机场与西安机场的协

---

① 谢军,饶光明.渝新欧贸易大通道便利化评价及对策[J].国际贸易问题,2016(12):74-83.

同建设机制和协同物流机制。第二,依托"中欧班列"及边境铁路口岸,强化五大国家级新区对接"中欧班列"及边境铁路口岸的运输通道建设力度,提升五大国家级新区至中东欧板块、南亚板块、中亚板块和西亚北非板块的国际贸易通道便利化程度。第三,依托西北及西南国际运输走廊,强化中国五大国家级新区对接我国新疆、云南、内蒙古的运输通道建设力度,推动公—铁—水—海多式联运的科学发展,提升中国五大国家级新区西向、南向和北向出境通道的便利程度。第四,依托长江黄金水道,强化中国五大国家级新区以长江上游港口为物流节点对接上海市等国际物流中心,推动江—海联运的科学发展,提升中国五大国家级新区向东南亚等板块出境的国际贸易通道便利程度。

9.5.5 以强化官产学研一体化建设为桥梁,强化科技创新协同

创新处于五大发展理念中的首位,是中国经济发展中最为重要的引擎。"五新区协同"发展开放型经济并构建开放型产业体系,必须建立在五大国家级新区的科技创新协同的基础上。科技创新是科学发现、技术发明等应用到生产体系中实现新价值创造的过程。[①] 鉴于科学发现和技术发明中参与主体的多元性和角色扮演的差异性,实现中国的五大国家级新区的科技创新协同,必须以强化官产学研一体化建设为基础。主要的发展战略要点包括以下几点。

第一,建立中国的五大国家级新区间协同创新联席会议制度,协同编制科技创新规划或行动计划,以统一的战略扶持基金、互助的政策性信贷及多元化的担保体系等形式强化对协同创新的支持和引导。

第二,打造中国的五大国家级新区间的协同创新产业带与科技创新产业联盟,促进"五新区协同"的科技创新合作园区共建,形成五大

---

① 张来武. 科技创新驱动经济发展方式转变 [J]. 中国软科学,2011 (12): 1-5.

国家级新区间的创新集聚重点区和重要节点。①

第三，以中国的五大国家级新区及属地省市地方政府联合出资等形式，成立协同创新运营主体，基于出资份额和协商一致原则等建立国家级新区间的经济核算机制和税收共享分配机制。②

第四，以重大科技创新项目协同建设为纽带，构建官产学研一体化的科技创新机制，建立统一的技术交易平台以实现技术市场的互联互通；同时，构建科技资源开放共享机制、科技金融的联动支持机制，以及科技创新中介服务的协同供给机制。

9.5.6 以协作推进生态文明建设为支撑，强化环境保护协同

绿色是五大发展理念的重要组成部分，在中国经济发展的新常态背景下，环境保护已经被提升到了十分重要的高度。推动我国国家级新区的"五新区协同"，尤其是在开放型经济发展、开放型产业体系打造和国际贸易通道基础设施建设等领域的协同，必须强调环境协同保护和生态文明建设的协同推进。主要的发展策略要点包括：

第一，设立"五新区协同"的生态文明协调建设委员会，完善生态文明"五新区协同"建设和推进的目标责任制度、绩效考核制度，构建交互式、多期循环的环保督查制度。

第二，立足于"五新区协同"的开放型产业体系建设，以再造生产流程为手段，联合打造循环经济园区，引进和培育绿色产业发展；③同时，设立"五新区协同"的生态文明建设融资平台，设立统一的生态发展基金和生态产业担保机构等，保证循环经济园区建设和绿色产业

---

① 李国平. 加快构建京津冀区域协同创新体系［J］. 区域经济评论，2016（2）：35-36.

② 蒋海军. 科技园区推动区域协同创新研究——以中关村科技园区为例［J］. 中国特色社会主义研究，2016（3）：36-41.

③ 邓玲，周璇. 全面推进生态文明建设的协同创新研究［J］. 新疆社会科学，2015（6）：33-37，173.

发展。第三，强化跨区域资源与环境的空间优化开发，建立"五新区协同"的资源、环境信息管理系统，建立统一的资源使用权、排污权、碳排放等交易市场，构建横向生态补偿制度及资源与环境承载力的监测机制和预警机制。①

9.6　本章小结

本章以陕西西咸新区、兰州新区、重庆两江新区、四川天府新区和贵州贵安新区等五新区协同发展为例，阐释了中国南北方省市国家级新区间实现协同发展的主要路径，并以国家级新区协同发展为契机，探索了中国南北方区域经济协调的源起和基本逻辑。主要结论如下。

（1）目前，中国南北方区域经济协调与东中西部和东北经济协调是中国区域经济协调发展中的两大重要战略。基于相对重要性指标的评价结论，结合理论界和政策实践中对我国东中西部和东北经济协调更加关注的现实，在近期区域经济理论研究和政策实践中，需要更加关注中国南北方区域经济协调问题。

（2）中国南北方区域经济协调起源于北方区域省区市发展滞后于南方区域省区市发展而形成的经济社会发展差距。中国南北方区域经济协调的主要路径包括国家战略在南北方区域省区市间的协同，更偏向于北方省区市的财税政策、货币政策、转移支付政策和投资政策，中国南北方区域省区市的对口帮扶和协同，南北方区域省区市不同层级的地方政府经济发展方式和战略协同，以及南北方区域省区市间各自赖以促进地方经济发展的不同层级的功能性平台间的协同发展和协调发展等。

（3）国家级新区是促进地方经济发展的重要功能性平台，国家级

---

①　彭向刚，向俊杰. 论生态文明建设中的政府协同［J］. 天津社会科学，2015（2）：75-78，154.

第9章 中国南北方区域经济协调视角下国家级新区的协同发展研究

新区间的协同发展是推动中国南北方区域经济协调发展的重要杠杆。然而，基于分项集中率指标评价结果，中国南北方区域省区市的国家级新区间存在更大程度的发展差距。

（4）基于经纬度距离和Bi-Square核函数的中国19个国家级新区间的空间关系评价结果，目前，陕西西咸新区、兰州新区、重庆两江新区、四川天府新区和贵州贵安新区之间存在较为稳定的潜在协同关系。

（5）"五新区协同"将主要可以通过以积极融入"一带一路"倡议建设为目标，以大力发展开放型经济为主的功能定位，以开放型产业体系建设、协作推进物流节点建设、强化官产学研一体化建设和协作推进生态文明建设等为手段，实现中国的五大国家级新区间的产业发展、贸易通道建设、科技创新和环境保护等协同发展。这也是中国南北方区域经济协调的重要战略性路径。

尽管本章的分析，提出以五大国家级新区间的协同发展促进中国南北方区域经济协调的基本思路，然而，中国南北方经济协调是一个比较大的发展框架，鉴于本书的研究主旨，尚未对南北方经济协调的其他路径做出详细的阐释和分析。同时，中国国家级新区间的协同发展，也并不仅限于以北方国家级新区为主体的北—南方协同发展范式，还包括南方的国家级新区内部、北方的国家级新区内部、南方的国家级新区为主体的南—北方协同发展范式等，本书尚未对这些内容作出深入阐释。当然，国家级新区发展的相关数据短缺和数据时长较短，也在一定程度上限制了本书对中国国家级新区协同发展战略及路径的详细分析。

第 10 章

结论与展望

本书围绕中国国家级新区的辐射带动力及其实现机制问题，展开了较为系统的研究。归结起来，全书主要包括如下结论。

(1) 中国国家级新区辐射带动力是推力、拉力和综合推拉力等动能的总称。主动性辐射带动、协调性辐射带动和外溢性辐射带动力的综合作用，将从城市拓展、人口迁徙、创新外溢和产业发展等方面，实现国家级新区对周边地区的辐射带动。国家级新区的辐射带动力，源自扩散国家政策和功能定位要求、产业与生产要素空间集聚的必然性、重大基础设施建设的地域限制性、产业链与价值链整合的高效逐利性、技术扩散与创新扩散的近邻优先性、城市扩展的空间延续性、劳动力迁徙的比较理性。形成我国国家级新区强大的辐射带动力，必须在打造国家级新区成为核心增长极的基础上，促进利益相关主体的多方联动和协同发力，构建全方位的辐射带动机制。

(2) 以重庆两江新区为例，结合绝对经济联系和引力模型等理念和方法，评价了重庆两江新区对重庆市内的 38 个区县发展的辐射带动力；并通过设定和试算多元线性回归模型和三种空间计量模型，优选出空间误差模型用于评估重庆两江新区辐射带动力的主要影响因素及其影响力度。结论显示，重庆两江新区辐射带动重庆市内的 38 个区县的拉力效应不太稳定、推力效应尚未形成，但综合推拉力效应呈上升趋势。这表明，重庆两江新区具有成为增长极的潜力。重庆两江新区对重庆市内的 38 个区县的辐射带动力，主要受到消费、投资、财政投入、城镇居民收入提升以及利用内资等因素的正向影响，受到金融机构人民币贷款余额、城镇化率等因素的负向影响。同时，基于2011~2015年包含GDP在内的七个影响因素，结合绝对经济联系引力模型，考察了最早批设的四个国家级新区辐射带动各省区市发展的能力状况。同时，结合国家级新区不同的辐射半径，分组考察了国家级新区辐射带动各省区市发展的能力状况，并考察了四个国家级新区的有效辐射半径。结论显示，上海浦东新区、天津滨海新区、浙江舟山群岛新区已基本形成区域增长极，有效辐射半径达到800千米；重庆两江新区辐射带动周边省区市发展的能力凸显，但尚未形成区域增长极。

（3）基于双重差分多要素一级CES生产函数的泰勒级数展开和线性转换，结合空间X滞后模型、空间自回归模型、空间杜宾模型和空间误差模型，构建了四种双重差分CES空间计量理论模型，并分析了其特定事件发生时的产出效应。随后，基于六种实证模型的设计、估计与遴选，优选出双重差分CES空间误差模型，对国家级新区对属地省市经济增长的总体影响效应做出了评估。还基于组织创新虚拟变量分解，评估了我国16个国家级新区对属地省市经济增长的个体影响效应。结论显示，中国的国家级新区从总体上将对属地省市经济增长产生正向影响；其中，我国东北地区、西北地区的国家级新区对属地省市经济增长具有正向激励效应，我国南方地区的国家级新区对属地省市经济增长具有负向激励效应。

（4）基于劳动力国际流动理论与特定要素贸易模型，构建了国家级新区批设导致劳动力区际转移的理论框架，阐释了国家级新区批设导致劳动力转移的产出效应与均衡劳动力规模的决定机制。同时，基于以C-D生产函数为基础的三种产出模型，结合1990~2015年省级面板数据，考察了国家级新区批设导致劳动力区际转移的产出效应。本书还基于均衡劳动力规模的决定机制，核定了上海浦东新区、天津滨海新区、重庆两江新区三大国家级新区的均衡劳动力规模和劳动力吸纳能力。结论显示，国家级新区批设导致劳动力区际转移，不仅会提高国家级新区所在地劳动力边际产出，同时，也会提高全社会劳动力的边际产出；三大国家级新区吸纳劳动力转移的能力和空间还十分广阔，应该采取更为积极的劳动力转移政策。

（5）评估国家级新区对区域全要素生产率变迁的影响，是国家级新区创新战略制定和创新政策实践的重要依据。立足于资本、劳动和能源等三要素投入假设及柯布—道格拉斯生产函数，估算了1991~2016年我国的31个省区市的全要素生产率及其增长率；并在动态通用空间嵌套模型条件下，评估了国家级新区对省域全要素生产率变迁的影响效应。结论显示，中国的国家级新区对省域全要素生产率变迁尚未产生显著的影响效应。国家级新区创新发展的长期战略，应更强调对区域创新的扩散效应。

（6）国家级新区是推动中国南北方区域经济协调的重要杠杆，南北方区域经济差距也存在于国家级新区的发展进程中。基于相对重要性评价指标，先评估了中国南北方区域经济协调相对于东中西部和东北板块区域经济协调的相对重要性，阐释了南北方区域经济协调的目的、机制和路径；随后，基于分项集中率方法、经纬度空间距离和Bi-Square核密度函数，评估了国家级新区发展的中国南北方区域经济差距程度，并考察了南北方区域经济协调下国家级新区的协同发展位序；同时，还以陕西西咸新区、兰州新区、重庆两江新区、四川天府新区和贵州贵安新区等"五新区协同"为样本，阐释了中国南北方区域经济协调视角下国家级新区的北—南方区域经济协同发展。国家级新区的北—南方区域经济协同发展应以融入"一带一路"倡议建设为导向，以发展开放型经济为纽带，着力推进产业体系架构、贸易通道建设、科技创新、环境保护等协同发展。

尽管本书对国家级新区辐射带动力及其实现机制问题进行了较为深入的探索性研究，然而，限于篇幅和时间仓促，尚有许多问题值得进行深入探索。这包括如何协调国家级新区建设发展及推动其他区域经济发展战略平台的建设发展并发挥作用之间的关系，如国家级新区与城市群、自由贸易试验区及国家级综合配套改革试验区等之间的关系协调；如何建立适应国家级新区发展的现代产业体系，并以其结构调整与升级促进属地省市和周边省区市的产业发展等。这些问题需要在未来较长一段时间内加以重点关注并持续推进研究。

主要参考文献

[1] [美] 埃弗雷特·M. 罗杰斯. 创新的扩散（第四版）[M]. 辛欣, 译. 中央编译出版社, 2002.

[2] 安虎森, 李锦. 适度的"政策梯度"是实现区域协调发展的战略选项——基于新经济地理学循环累积因果聚集机制的探讨 [J]. 学术月刊, 2010, 42 (1): 73 – 79.

[3] 薄文广, 殷广卫. 国家级新区发展困境分析与可持续发展思考 [J]. 南京社会科学, 2017 (11): 9 – 16.

[4] 蔡霞等. 社会网络环境下的创新扩散研究述评与展望 [J]. 科学学与科学技术管理, 2017, 38 (4): 73 – 84.

[5] 曹云. 国家级新区比较研究 [M]. 北京: 社会科学文献出版社, 2014.

[6] 曾楚宏, 王斌. 产业链整合、机制调整与信息化驱动 [J]. 改革, 2010 (10): 62 – 67.

[7] 晁恒等. 尺度重构视角下国家级新区"多规合一"的特征与实现途径 [J]. 城市发展研究, 2015, 22 (3): 11 – 18.

[8] 晁恒等. 尺度重构视角下国家战略区域的空间生产策略——基于国家级新区的探讨 [J]. 经济地理, 2015, 35 (3): 1 – 8.

[9] 陈东, 孔维锋. 新地域空间——国家级新区的特征解析与发展对策 [J]. 中国科学院院刊, 2016 (1): 118 – 125.

[10] 陈飞翔. 对外开放与产业结构调整 [J]. 财贸经济, 2001

（6）：16－23.

［11］陈继东. 中国—缅甸—印度陆上贸易通道建设初探［J］. 南亚研究季刊，1998（2）：2，5－14.

［12］陈继勇等. 构建内陆开放新高地——基于湖北深度融入"一带一路"倡议建设视角［J］. 江汉论坛，2018（1）：34－39.

［13］陈家华等. 有关区域合理人口规模定量研究方法的讨论［J］. 人口研究，2002（3）：26－32.

［14］陈建军，姚先国. 论上海和浙江的区域经济关系——一个关于"中心—边缘"理论和"极化—扩散"效应的实证研究［J］. 中国工业经济，2003（5）：28－33.

［15］陈耀，汪彬. 大城市群协同发展障碍及实现机制研究［J］. 区域经济评论，2016（2）：37－43.

［16］程春生. 把国家级新区建设成为产城融合发展的示范区——以福州新区为例［J］. 社科纵横，2016（10）：48－50.

［17］程大中. 中国参与全球价值链分工的程度及演变趋势——基于跨国投入—产出分析［J］. 经济研究，2015，50（9）：4－16，99.

［18］程宏伟等. 资本与知识驱动的产业链整合研究——以攀钢钒钛产业链为例［J］. 中国工业经济，2008（3）：143－151.

［19］程开明. 城市体系中创新扩散的空间特征研究［J］. 科学学研究，2010，28（5）：793－799.

［20］仇怡. 基于对外贸易结构的技术扩散效应比较研究［J］. 中国软科学，2009（7）：157－162.

［21］仇怡. 城市体系与创新扩散效应的关系——以长三角地区为例［J］. 城市问题，2015（8）：90－96.

［22］丛屹，王焱. 协同发展、合作治理、困境摆脱与京津冀体制机制创新［J］. 改革，2014（6）：75－81.

［23］邓玲，周璇. 全面推进生态文明建设的协同创新研究［J］. 新疆社会科学，2015（6）：33－37，173.

[24] 邓智团, 但涛波. 论我国农村剩余劳动力转移与区域产业结构演变 [J]. 中国农村经济, 2005 (8): 30-36.

[25] 丁任重, 陈姝兴. 大区域协调: 新时期我国区域经济政策旳趋向分析——兼论区域经济政策"碎片化"现象 [J]. 经济学动态, 2015 (5): 4-10.

[26] 丁有良. 舟山群岛新区行政管理体制创新——基于国家级新区行政管理体制的比较研究 [J]. 中共浙江省委党校学报, 2013 (5): 43-49.

[27] 董直庆, 陈锐. 技术进步偏向性变动对全要素生产率增长的影响 [J]. 管理学报, 2014, 11 (8): 1199-1207.

[28] 杜明军. 区域一体化进程中的"虹吸效应"分析 [J]. 河南工业大学学报 (社会科学版), 2012, 8 (3): 38-41, 46.

[29] 段进. 国家大型基础设施建设与城市空间发展应对——以高铁与城际综合交通枢纽为例 [J]. 城市规划学刊, 2009 (1): 33-37.

[30] 樊士德, 姜德波. 劳动力流动、产业转移与区域协调发展——基于文献研究的视角 [J]. 产业经济研究, 2014 (4): 103-110.

[31] 樊士德等. 中国制造业劳动力转移刚性与产业区际转移——基于核心—边缘模型拓展的数值模拟和经验研究 [J]. 中国工业经济, 2015 (11): 94-108.

[32] 范前进等. 公共基础设施投资对区域经济影响的一般均衡分析 [J]. 世界经济, 2004 (5): 58-62.

[33] 范巧. 永续盘存法细节设定与中国资本存量估算: 1952~2009 年 [J]. 云南财经大学学报, 2012 (3): 42-50.

[34] 范巧, 王成纲. 国家级新区辐射带动力评价及其影响因素分解——以重庆两江新区为例 [J]. 技术经济, 2017 (1): 80-89, 116.

[35] 范巧, Hudson D. 一种新的包含可变时间效应的内生时空权重矩阵构建方法 [J]. 数量经济技术经济研究, 2018, 35 (1): 131-149.

[36] 范巧. 国家级新区劳动力转移效应与劳动力吸纳能力 [J]. 人口与经济, 2018 (2): 16-24.

[37] 范巧, 吴丽娜. 国家级新区对属地省份经济增长影响效应评估 [J]. 城市问题, 2018 (4): 48-58.

[38] 范巧, 郭爱君. 国家级新区辐射带动力及其实现机制研究 [J]. 经济体制改革, 2018 (5): 46-51.

[39] 方奕涛, 罗建穗. 淋下效应与极化效应 [J]. 经济问题探索, 1999 (2): 10-12.

[40] 冯德显等. 区域性中心城市辐射力及其评价——以郑州市为例 [J]. 地理科学, 2006 (3): 266-272.

[41] 付一夫, 刘鉴. 国家级新区发展路径探索 [J]. 现代管理科学, 2017 (7): 82-84.

[42] 高金龙等. 中国城市扩张态势与驱动机理研究学派综述 [J]. 地理科学进展, 2013, 32 (5): 743-754.

[43] 高新才, 杨芳. 丝绸之路经济带城市经济联系的时空变化分析——基于城市流强度的视角 [J]. 兰州大学学报（社会科学版）, 2015, 43 (1): 9-18.

[44] 耿修林. 商务经济统计学 [M]. 北京: 科学出版社, 2003.

[45] 官银峰. 中原城市群经济一体化的机制、内容与战略取向——以郑州为核心的"城市圈域"发展模式研究 [J]. 中共郑州市委党校学报, 2010 (3): 84-86.

[46] 郭爱君, 陶银海. 丝绸之路经济带与国家新区建设协同发展研究 [J]. 西北师大学报（社会科学版）, 2016 (6): 27-34.

[47] 郭显光. 开放型经济模式的比较 [J]. 数量经济技术经济研究, 2003 (5): 23-26.

[48] 国家发展和改革委员会. 国家级新区发展报告 2016 [M]. 北京: 中国计划出版社, 2016.

[49] 国家发展和改革委员会. 国家级新区发展报告 2018 [M].

北京：中国计划出版社，2018.

［50］国家开发银行党校课题组．开发性金融支持国家级新区发展研究［J］．开发性金融研究，2016（1）：54-59.

［51］韩保江．乡镇企业吸纳劳动力边际递减与剩余劳动力反梯度转移［J］．经济研究，1995（7）：31，38-43.

［52］韩纪江，郭熙保．扩散—回波效应的研究脉络及其新进展［J］．经济学动态，2014（2）：117-125.

［53］韩颖，周黎明．今后十年我国旅游业吸纳劳动力的数量预测［J］．数量经济技术经济研究，2002（3）：40-43.

［54］郝寿义，曹清峰．论国家级新区［J］．贵州社会科学，2016（2）：26-33.

［55］郝寿义．雄安新区与我国国家级新区的转型与升级［J］．经济学动态，2017（7）：4-5.

［56］郝寿义．作为国家级新区的雄安新区在中国区域协调发展中的作用［J］．区域经济评论，2017（5）：29-31.

［57］郝寿义，曹清峰．国家级新区在区域协同发展中的作用——再论国家级新区［J］．南开学报（哲学社会科学版），2018（2）：1-7.

［58］何文举，周辉．资源与环境约束条件下湖南城市辐射与带动力评价［J］．经济地理，2011，31（12）：2034-2038.

［59］何铮，张晓军．集群创新扩散的鲁棒性和脆弱性［J］．系统管理学报，2011，20（6）：682-689.

［60］洪后其．影响我国技术创新扩散的结构因素［J］．管理世界，1991（1）：190-193.

［61］胡珑瑛，王建华．高技术园区对区域经济的辐射和带动评价研究［J］．哈尔滨工业大学学报，2001，33（1）：96-99.

［62］黄静波等．湘粤赣边界禁止开发区域生态旅游协调发展机制——以世界自然遗产丹霞山为例［J］．地理学报，2013，68（6）：

839-850.

[63] 黄明知等. 区域最优人口规模测评模型研究 [J]. 武汉理工大学学报, 2004 (8): 93-95.

[64] 黄守宏. 产业与区域间劳动力转移问题研究 [J]. 管理世界, 1996 (1): 199-208.

[65] 黄伟, 张炜熙. 创意产业对纺织经济扩散效应分析研究 [J]. 中央财经大学学报, 2010 (4): 67-70, 81.

[66] 黄潇. 极化效应与橄榄型收入结构的达致 [J]. 中国经济问题, 2013 (4): 24-37.

[67] 蒋海军. 科技园区推动区域协同创新研究——以中关村科技园区为例 [J]. 中国特色社会主义研究, 2016 (3): 36-41.

[68] 蒋晓岚, 孔令刚. 安徽主导产业的成长性和带动力分析与对策研究 [J]. 华东经济管理, 2007 (11): 4-8.

[69] 金刚, 沈坤荣. 中国工业技术创新空间扩散效应的时空演化 [J]. 经济地理, 2016, 36 (5): 121-127.

[70] 金京, 戴翔. 国际分工演进与我国开放型经济战略选择 [J]. 经济管理, 2013, 35 (2): 1-10.

[71] 荆锐等. 国家级新区发展异质性及驱动机制研究——以上海浦东新区和南京江北新区为例 [J]. 长江流域资源与环境, 2016 (6): 859-867.

[72] 赖德胜, 孟大虎. 专用性人力资本、劳动力转移与区域经济发展 [J]. 中国人口科学, 2016 (1): 60-68.

[73] 雷朝阳, 陈永秀. 我国城市经济辐射力研究综述 [J]. 广西社会科学, 2010 (1): 52-55.

[74] 冷志明. 中国省际毗邻地区经济合作与协同发展的运行机制研究 [J]. 经济与管理研究, 2005 (7): 62-65.

[75] 李斌等. 农业技术进步、新型城镇化与农村剩余劳动力转移——基于"推拉理论"和省际动态面板数据的实证研究 [J]. 财经

论丛,2015(10):3-10.

[76]李才平等.国家级新区管理创新及对赣江新区发展的借鉴[J].地方治理研究,2017(1):31-39.

[77]李琮.关于南北经济关系若干问题的一些认识[J].世界经济,1983(10):14-20.

[78]李广杰.山东融入"一带一路"倡议建设的思路与对策[N].光明日报,2015-05-20,007.

[79]李国平.深圳与珠江三角洲区域经济联系的测度及分析[J].经济地理,2001,21(1):33-37.

[80]李国平.加快构建京津冀区域协同创新体系[J].区域经济评论,2016(2):35-36.

[81]李恒.开放型经济发展的动力机制与模式选择——以内陆省份为例[J].华中科技大学学报(社会科学版),2011(3):80-86.

[82]李后成等.基于扩散效应视角的国家级新区发展路径研究——以西咸新区为例[J].西部金融,2015(11):53-58.

[83]李建华等.服务业结构对城市"虹吸"效应的影响[J].贵州财经大学学报,2016(5):1-11.

[84]李坤望,张伯伟.国际经济学(第二版)[M].北京:高等教育出版社,2009.

[85]李立华.区域乘数效应与中国区域协调发展机制的安排[J].经济评论,2007(6):125-132.

[86]李明超.城市现代化中的"文化大事件"推力效应分析——以世博会为例[J].广西大学学报(哲学社会科学版),2011,33(6):91-97.

[87]李明奎等.国家级新区环境绩效评估指标体系构建与应用初探[J].环境保护,2016(23):31-34.

[88]李宁等.老工业基地城市对农村劳动力吸纳力的研究——以长春市为例[J].地理科学,2003(3):287-292.

[89] 李星伯等. 马太效应与涓滴效应: 一个收入差距演化的新格局 [J]. 当代经济研究, 2005 (8): 35-36.

[90] 李兴江, 唐志强. 论区域协调发展的评价标准及实现机制 [J]. 甘肃社会科学, 2007 (6): 51-53.

[91] 李一鸣, 宋可玉. 地方融入"一带一路"倡议建设的困境及化解途径 [J]. 中国党政干部论坛, 2017 (4): 92-93.

[92] 李云新, 贾东霖. 国家级新区的时空分布、战略定位与政策特征——基于新区总体方案的政策文本分析 [J]. 北京行政学院学报, 2016 (3): 22-31.

[93] 梁明, 陈柔笛. 中国海上贸易通道现状及经略研究 [J]. 国际经济合作, 2014 (11): 79-84.

[94] 梁盛平, 潘善斌. 贵安新区绿色发展指数报告 (2016) [M]. 北京: 社会科学文献出版社, 2016.

[95] 刘传江, 黄桂然. 农村劳动力转移与区域竞争力的动态关系研究——以重庆市为例的实证分析 [J]. 中国人口·资源与环境, 2013 (7): 116-121.

[96] 刘和东. 国内市场规模与创新要素集聚的虹吸效应研究 [J]. 科学学与科学技术管理, 2013, 34 (7): 104-112.

[97] 刘继华, 荀春兵. 国家级新区: 实践与目标的偏差及政策反思 [J]. 城市发展研究, 2017 (1): 18-25.

[98] 刘家树等. 中国区域技术转移的回波扩散效应研究 [J]. 科学管理研究, 2016, 34 (3): 64-67.

[99] 刘茂长, 李柏洲. 技术创新扩散演化理论研究综述 [J]. 中国科技论坛, 2012 (5): 68-73.

[100] 刘生龙, 胡鞍钢. 基础设施的外部性在中国的检验: 1988—2007 [J]. 经济研究, 2010, 45 (3): 4-15.

[101] 刘西忠. 跨区域城市发展的协调与治理机制 [J]. 南京社会科学, 2014 (5): 70-76.

[102] 刘璇. 区域技术创新扩散强度与效应研究——以京津冀和长三角地区为例 [J]. 科学决策, 2009 (5): 66-73.

[103] 刘媛媛, 涂建军. 中原经济区地缘经济关系研究 [J]. 地域研究与开发, 2011, 30 (6): 156-159.

[104] 刘志国, 边魏魏. 负向涓滴效应: 经济增长与收入分配的恶化 [J]. 南京财经大学学报, 2013 (4): 1-7.

[105] 龙海明等. 现代金融区域辐射力研究——基于长沙对湖南省内其他市州辐射力的实证检验 [J]. 财经理论与实践, 2014, 35 (3): 8-13.

[106] 卢向虎, 王陈伟. 关于国家级新区条例立法的思考——以陕西《西咸新区条例》起草为例 [J]. 城市, 2016 (3): 70-73.

[107] 栾强等. 都市圈中心城市经济辐射力的分形测度及影响因素——基于北京、上海、广州的实证研究 [J]. 地域研究与开发, 2016, 35 (4): 58-62.

[108] 栾维新, 宋薇. 我国海洋产业吸纳劳动力潜力研究 [J]. 经济地理, 2003 (4): 529-533.

[109] 骆友生, 刘剑文. 农村劳动力跨区域转移: 现状、成因与对策 [J]. 中国农村经济, 1994 (8): 3-9.

[110] 吕拉昌. 极化效应、新极化效应与珠江三角洲的经济持续发展 [J]. 地理科学, 2000 (4): 355-361.

[111] 马海韵. 国家级新区社会治理创新: 域外经验和本土实践 [J]. 贵州社会科学, 2018 (3): 131-137.

[112] 马孝先. 区域经济协调发展内生驱动因素与多重耦合机制分析 [J]. 宏观经济研究, 2017 (5): 118-124.

[113] 毛汉英. 京津冀协同发展的机制创新与区域政策研究 [J]. 地理科学进展, 2017, 36 (1): 2-14.

[114] 毛健等. 科技创新与经济可持续发展 [M]. 北京: 经济科学出版社, 2012.

[115] 民盟成都市委课题组. 三大国家级新区科技创新能力建设经验及对天府新区的启示 [J]. 四川省社会主义学院学报, 2014 (1): 39-42, 57.

[116] 潘文卿等. 中国技术进步方向的空间扩散效应 [J]. 中国工业经济, 2017 (4): 17-33.

[117] 彭建等. 基于城市群的国家级新区区位选择 [J]. 地理研究, 2015, 34 (1): 3-14.

[118] 彭劲松. 长江经济带区域协调发展的体制机制 [J]. 改革, 2014 (6): 36-38.

[119] 彭向刚, 向俊杰. 论生态文明建设中的政府协同 [J]. 天津社会科学, 2015 (2): 75-78, 154.

[120] 彭小雷, 刘剑锋. 大战略、大平台、大作为——论西部国家级新区发展对新型城镇化的作用 [J]. 城市规划, 2014, 38 (S02): 20-26.

[121] 皮建才. 中国区域经济协调发展的内在机制研究 [J]. 经济学家, 2011 (12): 15-22.

[122] 祁新华等. 乡村劳动力迁移的"双拉力"模型及其就地城镇化效应——基于中国东南沿海三个地区的实证研究 [J]. 地理科学, 2012, 32 (1): 25-30.

[123] 綦良群等. 制造企业价值链整合效果影响因素研究 [J]. 中国软科学, 2017 (8): 133-143.

[124] 乔旭宁等. 基于经济联系强度的乌鲁木齐都市圈空间结构研究 [J]. 地理科学进展, 2007, 26 (6): 86-95.

[125] 邱长溶, 董栓成. 家庭理性的社会均衡人口规模与社会最优人口规模的博弈分析 [J]. 数量经济技术经济研究, 2004 (4): 154-158.

[126] 任超群等. 土地出让价格信号引起的房价变化时空扩散效应 [J]. 地理研究, 2013, 32 (6): 1121-1131.

[127] 茹伊丽等. 内陆国家级新区发展政策建议——基于内陆与沿海新区的对比 [J]. 华东经济管理, 2015, 29 (6): 61-65.

[128] 盛毅等. 国家级新区建设与产业发展 [M]. 北京: 人民出版社, 2016.

[129] 石恩名等. 国内外社会空间分异测度研究综述 [J]. 地理科学进展, 2015, 34 (7): 818-829.

[130] 石声萍. 城市流动人口合理规模的层次分析模型 [J]. 西南农业大学学报, 2000 (1): 84-87.

[131] 宋方涛. 全球商业革命下的瀑布效应与虹吸效应——应用于对泛珠江三角洲和台湾区域经济分工与协作的初步分析 [J]. 国际经贸探索, 2009, 25 (11): 64-69.

[132] 苏艳娜等. 主导产业对农业发展的辐射带动作用可变模糊评价——以河北省为例 [J]. 农村经济, 2008 (10): 39-41.

[133] 孙久文, 姚鹏. 空间计量经济学的研究范式与最新进展 [J]. 经济学家, 2014 (7): 27-35.

[134] 孙耀吾, 卫英平. 联盟企业知识波扩散效应及实证研究 [J]. 科学学与科学技术管理, 2010, 31 (5): 142-149.

[135] 孙勇, 李慧中. 城市化、政府生产性支出与城乡收入均等化 [J]. 经济社会体制比较, 2014 (3): 24-37.

[136] 孙自铎. 论我国经济发展中的回波效应及其防范 [J]. 经济研究参考, 1993 (Z6): 749-760.

[137] 覃成林. 区域协调发展机制体系研究 [J]. 经济学家, 2011 (4): 63-70.

[138] 唐根年等. 中国东南沿海产业空间集聚适度与生产要素优化配置研究 [J]. 地理科学, 2010, 30 (2): 168-174.

[139] 屠新泉, 蒋捷媛. 金砖国家合作与"一带一路"倡议协同发展机制研究 [J]. 亚太经济, 2017 (3): 47-51, 193-194.

[140] W. 查尔斯·索耶, 理查德·L. 斯普林克. 国际经济学

(第三版)[M].刘春生等,译.北京:中国人民大学出版社,2010:110-117.

[141] 汪彩君等.要素空间集聚与区域经济增长研究综述[J].经济学动态,2011(9):138-141.

[142] 汪增洋.增长、结构升级与城市经济对县域经济的辐射带动——基于长三角城市群外围区的实证研究[J].云南财经大学学报,2014(3):65-70.

[143] 王昂扬等.我国国家级城市新区设立的战略背景研究[J].现代城市研究,2015(2):23-26.

[144] 王朝明,李梦凡.极化效应下我国中等收入者群体的发展问题[J].数量经济技术经济研究,2013,30(6):51-64.

[145] 王陈伟,卢向虎.国家级新区土地管理体制比较[J].城市,2016(10):36-40.

[146] 王成城等.区域创新极化效应的城市贡献度——基于分解TW指数的空间计量研究[J].中国科技论坛,2017(8):94-102.

[147] 王佃利等.尺度重构视角下国家级新区发展的行政逻辑探析[J].中国行政管理,2016(8):41-47.

[148] 王耕,李优."二孩"背景下人口合理规模预测——以大连市甘井子区为例[J].国土与自然资源研究,2016(4):39-42.

[149] 王光辉,刘怡君.网络舆论危机事件的蔓延扩散效应研究[J].中国管理科学,2015,23(7):119-126.

[150] 王海宁.长吉图地区城市最优人口规模与经济发展[J].农业与技术,2009(5):15-19.

[151] 王浩等.城市群协同发展影响因素与动力机制研究——以淮海城市群为例[J].南京社会科学,2017(5):17-25.

[152] 王鹤等.区域房价空间与时间扩散效应的实证研究[J].经济评论,2014(4):85-95.

[153] 王佳宁,罗重普.国家级新区管理体制与功能区实态及其战

略取向 [J]. 改革, 2012 (3): 21-36.

[154] 王开科等. 中国省域城镇工资水平的区域分异机制与空间效应 [J]. 地理研究, 2013, 32 (11): 2107-2120.

[155] 王开泳等. 2000年以来中国城市空间扩张的时空平稳性 [J]. 地理研究, 2014, 33 (7): 1195-1206.

[156] 王茂湘. 资本主义累进税制和"收入均等化"学说的欺骗性 [J]. 经济研究, 1982 (4): 52-58, 71.

[157] 王鹏, 汪波. 协同战略的实现机制研究 [J]. 山东社会科学, 2012 (3): 167-170.

[158] 王双. 环渤海经济圈两大国家级新区比较 [J]. 中国国情国力, 2013 (9): 40-42.

[159] 王双. 环渤海经济圈国家级新区综合发展竞争力比较分析 [J]. 未来与发展, 2013 (10): 16-20.

[160] 王业强, 魏后凯. 产业地理集中的时空特征分析——以中国28个两位数制造业为例 [J]. 统计研究, 2006 (6): 28-33.

[161] 卫中兴. 南北问题的回顾与展望 [J]. 管理世界, 1992 (2): 112-118.

[162] 吴传清. 经典区际经济传递理论的演进: 一个文献述评 [J]. 中南财经政法大学学报, 2009 (1): 15-19.

[163] 吴昊天, 杨郑鑫. 从国家级新区战略看国家战略空间演进 [J]. 城市发展研究, 2015, 22 (3): 1-9, 38.

[164] 吴昊天, 杨郑鑫. 城市新区的人居环境营造总体思路探析——以五大国家级新区为例 [J]. 城市, 2015 (4): 42-46.

[165] 吴宏安等. 西安城市扩张及其驱动力分析 [J]. 地理学报, 2005 (1): 143-150.

[166] 吴晓林. 模糊行政: 国家级新区管理体制的一种解释 [J]. 公共管理学报, 2017, 14 (4): 16-26, 63, 153-154.

[167] 吴志鹏. 三大国家级新区现行政策比较及对浙江舟山群岛新

区建设的启示 [J]. 发展研究, 2011 (12): 56-58.

[168] 夏炎. "北人""南物"与唐后期南北问题的重新审视 [J]. 清华大学学报 (哲学社会科学版), 2016, 31 (4): 115-124, 196-197.

[169] 夏永祥. 构建我国一级与次级衔接的区域协调发展机制 [J]. 区域经济评论, 2015 (1): 65-71.

[170] 谢广靖, 石郁萌. 国家级新区发展的再认识 [J]. 城市规划, 2016 (5): 9-20.

[171] 谢军, 饶光明. 渝新欧贸易大通道便利化评价及对策 [J]. 国际贸易问题, 2016 (12): 74-83.

[172] 熊立新. 江苏乡镇企业吸纳劳动力的调查分析 [J]. 管理世界, 1996 (4): 204-207.

[173] 徐静等. 我国国家级城市新区的规划导向及启示 [J]. 现代城市研究, 2015 (2): 7-10, 17.

[174] 徐勇. 国家级新区行政管理体制改革经验及对江北新区的启示 [J]. 中共南京市委党校学报, 2015 (3): 107-112.

[175] 薛雅伟等. 国家级新区产业生命周期及其演化规律研究——基于西海岸新区数据的研判 [J]. 技术经济与管理研究, 2018 (3): 120-124.

[176] 杨渝红, 欧名豪. 土地规模经营、农村剩余劳动力转移与农民收入关系研究——基于省际面板数据的检验 [J]. 资源科学, 2009 (2): 310-316.

[177] 叶姮等. 国家级新区功能定位及发展建议——基于GRNN潜力评价方法 [J]. 经济地理, 2015, 35 (2): 92-99.

[178] 易纲等. 关于中国经济增长与全要素生产率的理论思考 [J]. 经济研究, 2003 (8): 13-20, 90.

[179] 殷洁等. 国家级新区的空间生产与治理尺度建构 [J]. 人文地理, 2018, 33 (3): 89-96.

[180] 余达锦, 胡振鹏. 鄱阳湖生态经济区城镇辐射力模型及其发展研究 [J]. 华东经济管理, 2010, 24 (1): 15-18.

[181] 余泳泽. 创新要素集聚、政府支持与科技创新效率——基于省域数据的空间面板计量分析 [J]. 经济评论, 2011 (2): 93-101.

[182] 郁建兴, 黄飚. 地方政府创新扩散的适用性 [J]. 经济社会体制比较, 2015 (1): 171-181.

[183] 郁俊莉, 傅睿. 区域经济发展中后发优势与其实现机制研究——以广东省后发区域赶超效应及政府作用为例 [J]. 中国行政管理, 2014 (7): 78-84.

[184] 员智凯. 关中—天水经济区的辐射带动作用和发展路径选择 [J]. 人文地理, 2009 (2): 63-66.

[185] 臧新, 赵炯. 外资区域转移背景下 FDI 对我国劳动力流动的影响研究 [J]. 数量经济技术经济研究, 2016 (3): 78-94.

[186] 张光南等. 中国基础设施的就业、产出和投资效应——基于 1998~2006 年省际工业企业面板数据研究 [J]. 管理世界, 2010 (4): 5-13, 31.

[187] 张稷锋. 法治与改革: 国家级新区的成熟范本与两江实践 [M]. 北京: 中国政法大学出版社, 2015.

[188] 张建民. 中国区域技术创新能力差异研究 [M]. 昆明: 云南大学出版社, 2010.

[189] 张军, 施少华. 中国经济全要素生产率变动: 1952-1998 [J]. 世界经济文汇, 2003 (2): 17-24.

[190] 张来武. 科技创新驱动经济发展方式转变 [J]. 中国软科学, 2011 (12): 1-5.

[191] 张宁. 国家级新区人口流入问题分析——来自陕西西咸新区的案例 [J]. 开发研究, 2016 (2): 26-31.

[192] 张宁, 卢向虎. 国家级新区主导产业比较分析——兼论陕西西咸新区主导产业发展对策 [J]. 城市, 2016 (9): 8-14.

［193］张清勇，年猛．中国房地产业关联度高、带动力强吗——兼论房地产业的定位［J］．财贸经济，2012（10）：123－129.

［194］张晓宁，金桢栋．产业优化、效率变革与国家级新区发展的新动能培育［J］．改革，2018（2）：109－121.

［195］张瀛，王浣尘．上海市合理人口规模研究［J］．管理科学学报，2003（2）：1－11.

［196］赵德昭．FDI、第三方效应与农村剩余劳动力转移的空间集聚——基于中国省际面板数据的空间计量检验［J］．南开经济研究，2014（6）：105－124.

［197］赵东方等．国家级新区绿色增长能力提升路径研究［J］．当代经济管理，2017（12）：16－20.

［198］赵峰，魏成龙．创新扩散、创新群集机理分析及应用［J］．中国工业经济，2004（12）：55－60.

［199］赵建新．城市合理人口规模问题理论探讨［J］．新疆师范大学学报（自然科学版），1994，13（1）：73－76.

［200］赵秋成．基于PREES系统模型的城市合理人口规模实证研究——以大连市为例［J］．西北人口，2011（6）：41－44.

［201］赵西三．高速公路与区域经济耦合发展的机理与路径研究：基于路域经济的视角［J］．区域经济评论，2013（4）：28－31.

［202］赵宇．金朝前期的"南北选"问题［J］．中国社会科学，2016（4）：183－204，209.

［203］钟世川，毛艳华．中国全要素生产率的再测算与分解研究——基于多要素技术进步偏向的视角［J］．经济评论，2017（1）：3－14.

［204］周传豹等．收支余额变动与中国农村转移劳动力跨区域回流趋势［J］．农业技术经济，2016（4）：4－15.

［205］周靖祥，何燕．城镇农村劳动力"吸纳"与区域经济增长实证检验——基于1990－2006年省际所有制变革视角探析［J］．世界

经济文汇, 2009 (1): 33 – 49.

[206] 周绍杰等. 区域经济协调发展: 功能界定与机制分析 [J]. 清华大学学报 (哲学社会科学版), 2010, 25 (2): 141 – 148, 161.

[207] 朱江涛, 卢向虎. 国家级新区行政管理体制比较研究 [J]. 行政管理改革, 2016 (11): 19 – 23.

[208] 朱天明. "一带一路" 倡议建设促进区域协调发展的机制与路径 [J]. 中共中央党校学报, 2017, 21 (2): 37 – 44.

[209] Aberg Y. Regional productivity differences in Swedish manufacturing [J]. Regional and Urban Economics, 1973, 3 (2): 131 – 155.

[210] Acemoglu D. Directed technical change [J]. Review of Economic Studies, 2002, 69 (4): 781 – 809.

[211] Arbia G. Pairwise likelihood inference for spatial regressions estimated on very large datasets [J]. Spatial Statistics, 2014 (7): 21 – 39.

[212] Bass, F. M. A new product growth for model consumer durables [J]. Management Science, 1969, 15 (5): 215 – 227.

[213] Bertrand M., Duflo E. Mullainathan S. How much should we trust differences-in-differences estimates? [J]. Quarterly Journal of Economics, 2001, 119 (1): 249 – 275.

[214] Bhattacharjee A., Jensen-butler C. Estimation of the spatial weights matrix under structural constraints [J]. Regional Science and Urban Economics, 2013, 43 (4): 617 – 634.

[215] Buse A. The likelihood ratio, wald, and lagrange multiplier tests: an expository note [J]. American Statistician, 1982, 36 (3): 153 – 157.

[216] Cadwallader M. Migration and residential mobility in the United States: macro and micro approaches [M]. Madison: The University of Wisconsin Press, 1992.

[217] Cassette A. et al. Strategic fiscal interaction across borders: evi-

dence from french and german local governments along the Rhine valley [J]. Journal of Urban Economics, 2012, 72 (1): 17 -30.

[218] Converse P. D. New laws of retail gravitation [J]. Journal of Marketing, 1949, 14 (3): 379 -384.

[219] Dubé J. et al. A spatial difference – in – differences estimator to evaluate the effect of change in public mass transit systems on house prices [J]. Transportation Research Part B: Methodological, 2014 (64): 24 -40.

[220] Esteban J., Ray D. On the measurement of polarization [J]. Econometrica, 1994, 62 (4): 819 -851.

[221] Feldstein M. S. Alternative methods of estimating a CES production function for Britain [J]. Economica, 1967, 34 (136): 384.

[222] Fingleton B., Palombi S. Spatial panel data estimation, counter factual predictions, and local economic resilience among British towns in the Victorian era [J]. Regional Science and Urban Economics, 2013, 43 (4): 649 -660.

[223] Fisher J. C., Pry R. H. A simple substitution model of technological change [J]. Technological Forecasting and Social Change, 1970, 3 (71): 75 -88.

[224] Foster J. E., Wolfson M. C. Polarization and the decline of the middle class: Canada and the U. S. [J]. Journal of Economic Inequality, 2010, 8 (2): 247 -273.

[225] Fotheringham A. S., Oshan T. M. Geographically weighted regression and multicollinearity: dispelling the myth [J]. Journal of Geographical Systems, 2016, 18 (4): 303 -329.

[226] Frohn J. Estimation of CES production functions with neutral technical change for industrial sectors in the federal republic of Germany 1958 – 1968 [J]. Review of Income and Wealth, 1972, 18 (2): 185 -199.

[227] Getis A. Reflections on spatial autocorrelation [J]. Regional

Science and Urban Economics, 2007, 37 (4): 491 – 496.

[228] Goldenberg J. , Efroni S. Using cellular automata modeling of the emergence of innovations [J]. Technological Forecasting and Social Change, 2001, 68 (3): 293 – 308.

[229] Hirschman A. O. Investment policies and 'dualism' in underdeveloped countries [J]. American Economic Review, 1957 (47): 550 – 570.

[230] Hirschman, A. O. The strategy of economic development [M]. New Haven: Yale University Press, 1958.

[231] Holtz-Eakin D. , Lovely M. E. Scale economies, returns to variety, and the productivity of public infrastructure [J]. Regional Science and Urban Economics, 1996, 26 (2): 105 – 123.

[232] Hu J. , et al. Panel data partially linear model with fixed effects, spatial autoregressive error components and unspecified intertemporal correlation [J]. Journal of Multivariate Analysis, 2014 (130): 64 – 89.

[233] Kato T. A comparison of spatial error models through Monte Carlo experiments [J]. Economic Modeling, 2013 (30): 743 – 753.

[234] Krugman P. Geography and trade [M]. Cambridge: the MIT Press, 1993.

[235] Lakhani H. Diffusion of environment – saving technological change: A petroleum refining case study [J]. Technological Forecasting and Social Change, 1975, 7 (1): 33 – 55.

[236] Lee L. et al. Specification and estimation of social interaction models with network structures [J]. The Econometrics Journal, 2010, 13 (2): 145 – 176.

[237] Lee S. W. , Roseman C. C. Independent and linked migrants: determinants of African American interstate migration [J]. Growth and Change, 1997, 28 (3): 309 – 334.

[238] Lesage J. , Pace R. K. Introduction to spatial econometrics [M].

New York: CRC Press Taylor and Francis Group, 2009.

[239] Loch C. H., Huberman B. A. A punctuated-equilibrium model of technology diffusion [J]. Management Science, 1999, 45 (2): 160 – 177.

[240] Mansfield, E. Technical change and the rate of imitation [J]. Econometrica, 1961, 29 (4): 741 – 766.

[241] Marrocu E., Paci R. Different tourists to different destinations: evidence from spatial interaction models [J]. Tourism Management, 2013 (39): 71 – 83.

[242] McCain R. A. Endogenous bias in technical progress and environmental policy [J]. American Economic Review, 1978, 68 (4): 538 – 546.

[243] Milanovic B. A new polarization measure and some applications [R]. World Bank Development Research, 2000.

[244] Morrill R. L. Wave of spatial diffusion [J]. Journal of Regional Science, 1968, 8 (1): 1 – 18.

[245] Mur J., Angulo A. Model selection strategies in a spatial setting: some additional results [J]. Regional Science and Urban Economics, 2009, 39 (2): 200 – 213.

[246] Myrdal G. Economic theory and under-developed regions [M]. New York: Harper and Row, 1957.

[247] Paelinck J., Klaassen L. Spatial econometrics [M]. Farnborough: Saxon House, 1979.

[248] Qu X., Lee L. Estimating a spatial autoregressive model with an endogenous spatial weight matrix [J]. Journal of Econometrics, 2015, 184 (2): 209 – 232.

[249] Rodriguesa E. et al. A closer look at the spatial exponential matrix specification [J]. Spatial Statistics, 2014 (9): 109 – 121.

[250] Schumpeter J. A. The theory of economic development: An inquiry into profits, capital, credit, interest, and the business cycle [M].

Cambridge: Harvard University Press, 1961.

［251］Shoesmith G. L. Space-time autoregressive models and forecasting national, regional and state crime rates ［J］. International Journal of Forecasting, 2013, 29 (1): 191 – 201.

［252］Stefanie B., LMartin C. Value-creation in new product development within converging value chains: An analysis in the functional foods and nutraceutical industry ［J］. British Food Journal, 2008, 110 (1): 76 – 97.

［253］Takagi D. et al. Neighborhood social capital and crime victimization: comparison of spatial regression analysis and hierarchical regression analysis ［J］. Social Science and Medicine, 2012, 75 (10): 1895 – 1902.

［254］Tarde G. The laws of imitation ［M］. New York: Henny Holt and Company, 1903.

［255］Todaro M. P. A model of labor migration and urban unemployment in less developed countries ［J］. American Economic Review, 1969, 59 (1): 138 – 148.

［256］Wang Y. Q., Tsui K. Y. Polarization orderings and new classes of polarization indices ［J］. Journal of Public Economic Theory, 2000, 2 (3): 349 – 363.

［257］Wolfson M. C. When inequality diverge ［J］. American Economic Review, 1994, 84 (2): 353 – 358.

［258］Wu J., Li G. Moment-based tests for individual and time effects in panel data models ［J］. Journal of Econometrics, 2014, 178 (3): 569 – 581.

［259］Xu X., Lee L. A spatial autoregressive model with a nonlinear transformation of the dependent variable ［J］. Journal of Econometrics, 2015, 186 (1): 1 – 18.

[260] Yu Yanping et al. A study on China's energy consumption by bayesian spatial econometric model [J]. Energy Procedia, 2012, 16 (B): 1332 – 1340.

[261] Zhu B. et al. The predictive power of anisotropic spatial correlation modeling in housing prices [J]. The Journal of Real Estate Finance and Economics, 2011, 42 (4): 542 – 565.